머리가 좋아지고 명문대 진학을 가능하게 하는
지혜로운 공부법

TOUDAI KYOUJU NO CHICHI GA OSHIETEKURETA ATAMA GA YOKUNARU BENKYOUHOU
copyright ⓒ 2014 by Hiroyuki Nakano
Originally published in Japan in 2014 by PHP Institute, Inc.
Korean translation rights arranged with PHP Institute, Inc.
through CREEK&RIVER Co., Ltd. and PLS Agency

이 책의 한국어판 저작권은 PLS와 크릭앤리버 재팬을 통한 저작권자와의 독점 계약으로 매경출판주식회사에 있습니다.
신저작권법에 의하여 한국어판의 저작권 보호를 받는 서적이므로 무단 전재와 복제를 금합니다.

머리가 좋아지고 명문대 진학을 가능하게 하는

지혜로운 공부법

나가노 히로유키 지음 | 황선하 감역

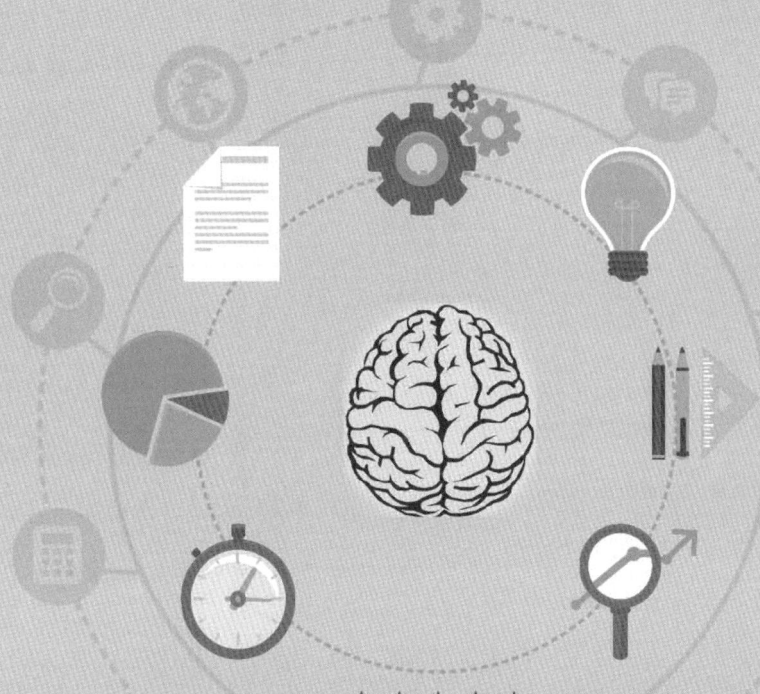

★★★★★
도쿄대 교수 아버지가 가르쳐 준
'머리가 좋아지는 공부법'

매일경제신문사

머리말

내 아버지는 도쿄대학 교수였다. 아버지는 43살에 도쿄대학 교양학부 교수로 취임하셨는데, 아버지의 핵심 연구주제는 인지과학의 관점에서 본 지식정보처리(추론, 학습, 지식획득 등)였다.

나에 대해서는 '도쿄대 교수의 아들이니까 원래부터 머리가 좋았겠지?'라고 짐작하는 분들이 있을 것이다. 애초부터 머리가 좋았던 사람이 쓴 공부법을 참고할 필요가 있을까 라고 생각하는 사람들도 있다.

그렇지만 고등학교에 진학하기 전까지 나는 결코 '머리가 좋은' 학생이라고 할 수가 없었다. 도쿄대에 들어가고 싶다는 터무니없는 꿈은 갖고 있었지만, 모의고사에서 항상 E(=지망하는 학교를 다시 생각할 필요가 있음)를 받았다. 즉 도쿄대 진학은 나에게 있어서 언감생심 같은 존재였다.

하지만 결과적으로 나는 도쿄대의 이과 1류에 합격해 지구행성물리학과에 들어가게 되었고, 동경의 대상이었던 대학원우주과학연구소(현재 JAXA;일본우주항공연구개발기구)에도 합격할 수 있었다.

또한 자의로 대학원을 중퇴한 후에는, 프로 지휘자의 꿈을 쫓았다. 일본을 대표하는 지휘자인 사와타리 유우나 연출가인 미야모토 아몬에게도 인정받게 되었고, 노무라 국립 문화 재단의 장학금으로 빈 국립음대에서 공부를 할 수 있게 되었다. 대학원 재학 중에는 레스토랑 경영도 경험했다. 레스토랑을 경영하며 일본 소믈리에 협회 공인 와인 전문가 자격증도 딸 수 있었다.

이런 나를 알고 있는 사람들은 말한다. '천재 아닐까?', '모든 걸 다 갖추다니 신은 불공평해!' 등등을 말이다(내 입으로 말하기에는 민망하지만).

고등학교 진학 전까지 전혀 존재감이 없었던 나였다.
그 때의 나와는 엄청난 차이가 있다. 인생역전을 했다고 해도 과언이 아니다.

나에게 대체 무슨 일이 일어난 걸까?

물론 하려고 하는 의지는 항상 있었다. 하지만 구체적으로 무엇을 어떻게 해야 좋을지 몰랐기에 성적은 항상 하위권을 맴돌았다. '이런 식으로 공부해서는 안 되겠다'고 내 심각성에 눈을 뜨게 된 것은 고등학교 2학년 겨울이었다. 공부에 막 박차를 가하기 시작한 때였다. 하지만, 경쟁 상대였던 친구들과는 벌써 크게 성적의 차이가 있었기에 일반적인 공부 방법으로는 성과를 낼 수 없었다. 도쿄 대학 합격이라는 크나큰 목표를 이루기 위해서는 **경쟁 상대를 단숨에 뛰어 넘을 수 있는 특별한 비법**이 필요했던 것이다.

이러한 나에게 크게 도움이 된 건 아버지의 존재였다.

기본적으로 내 아버지는 이거 하라, 저거 하라와 같은 잔소리를 하지 않는 분이었다. 하지만 내가 상담을 요청하거나 질문을 할 때엔 항상 어떤 식으로든 '대답' 혹은 '힌트'를 주었다. **아버지와의 대화로써 올바른 공부법을 습득한 것, 이것은 평범했던 고등학생이 꿈을 이룰 수 있는 계기**를 마련해 주었다.

몇 번이나 반복해서 말하지만 나는 원래부터 머리가 똑똑한 사람이 아니다. 그런 내가 인생의 가능성을 넓힐 수 있었던 것은 아버지가 가르쳐 준 공부법을 익힘으로써, 자신의 머리로 생각할 수 있게 되었기 때문이다. 이로 인해 새로운 도전을 위한 용기를 얻어, 음악과 와인의 세계로의 진지한 도전을 거듭할 수 있었다.

이 책에는 목표를 위해 공부하려고 하는 사람들의 고민을 해결해 주고, 꿈을 이루는데 도움이 되는 공부법이 실려 있다.

공부법에 관해서는 **본질에 다다르는 최단 사고법**(제1장), **목표를 세우는 법**(제2장), **문제집의 사용법**(제3장), **시간 사용법**(제3장)에서 서술했고, 많은 사람들이 관심을 갖고 있을 법한 **기억법**(제4장)에 관해서도 서술했다.

나는 현재 나가노 수학 학원이라는 학생 개별 지도 학원의 원장으로 있으며, 중학생부터 직장인까지를 대상으로 수학, 이과 쪽 과목들을 지도하고 있다. 이 책에도 실려 있는 이 공부법을 가르침으로써(나와 같은 경우이다), 반에서 최하위권의 성적에 머물렀던 학생들이 학년 내 상위권까지 오르는 등 비약적으로 성장을 거듭하고 있는 사례가 늘어나고 있다.

성과를 보이는 건 학생들뿐만이 아니다. **이 공부법은 직장인 혹은 직장을 은퇴한 사람들에게도 효과가 있다.** 실제로도 많은 사람들에게서 경험담을 보고 받고 있는데, 이 공부법을 배우고 실천한 어떤 사람은 '상사에게 "최근에 사고 능력이 크게 좋아진 것 같다"고 칭찬 받았어요.'라고 말해 주었고, 60세를 넘은 어떤 부인도 '**이 나이가 먹기까지 공부가 이렇게 재밌는 건줄 모르고 살았어요.**'라고 기쁜 얼굴로 말해 주었다.

이러한 사례 외에도, 자녀를 '똑똑한 아이'로 키우고 싶은 부모에 있어서는 우리 부자의 교류가 직접적인 힌트를 제공할 것이다.

텔레비전 출연을 시작으로 여러 매체에 소개 되고, 또 이렇게 책을 집필할 기회가 생긴 것은 아버지가 가르쳐 준 이 공부 방법이 모두에게 도움이 되었으면 하는 마음에서이다.

간디는 말했다.
'내일 죽는다는 마음으로 살아라. 영원히 사는 것처럼 배워라.'
공부란, 더 높은 이상을 달성하기 위해 모두가 할 수 있다는 점에서는 유일한, 현실적, 직접적 수단이다. 인생을 산다는 것이 성장한다는 것과 일맥상통 한다면, 공부라는 것은 인생 그 자체의 의미가 될 것이다.

올바른 공부법을 익히는 데는 적절한 시기가 따로 있는 것이 아니다. 한 번 습득해 두면 평생의 재산이 될 것이다. 당신의 나이는 잊어버려라. 공부하는 요령을 터득하면 인생의 가능성은 훨씬 더 넓어질 것이다. 더욱 다양한 분야에 도전할 수 있고, 이룰 수 있는 것들도 훨씬 늘어 날 것이다.

자, 이제 공부를 즐겨보라! 인생을 즐겨보라!

CONTENTS

머리말 ⋯ 4

제1장 공부를 잘하는데 필요한 것들

공부를 잘하기 위한 3가지 요소 ⋯ 16
　도쿄대 학생들은 어릴 때부터 '공부하라'는 말을 듣지 않았다? ⋯ 17
　'열등생'과 우등생의 차이 ⋯ 18
　공부를 잘하기 위해 가장 필요한 것 ⋯ 21

최고가 되기 위한 사람의 마음가짐 ⋯ 24
　국제 성인역량조사는 1위, 하지만 천재는 가뭄에 콩 나듯 하는 일본의 실정 ⋯ 25
　내가 생각하는 이상인 선생님 ⋯ 28
　아버지가 해주신 유일한 조언 ⋯ 30
　남들과 똑같은 방법을 시도하는 것은 부끄러운 것이다! ⋯ 30
　최고가 되기 위한 공부법과 평균점수를 받기 위한 공부법은 다르다. ⋯ 32

암기 능력보다 사고 능력 ⋯ 35
　지식과 지혜의 차이 ⋯ 36
　지도보다 나침반을! ⋯ 38
　'남는 무언가=지혜'를 터득하는 요령 ⋯ 39
　과정에 주목해 피라미드를 생각하자. ⋯ 40
　지혜를 기르기 위해 필요한 능력 ⋯ 42

본질에 도달하는 최단 사고법 ⋯ 45
　성적이 수직 상승하기 전에 꼭 걸치는 단계 ⋯ 46
　과정을 보는 눈을 얻는 마법의 한마디 ⋯ 47
　우주의 빅뱅마저 의심한다? ⋯ 50
　본질에 도달하기 위한 '⋯왜?'를 늘리자. ⋯ 52

제2장 그렇다면 어떻게 생각해야 할까?

'숙고'를 권장 … 56
  아버지가 수십 년 동안 기억해 온 알 수 없었던 문제 … 58
  진지한 마음으로 문제에 응하자. … 59
  '두뇌 능력'을 향상시키기 위해 필요한 것 … 61
  '착한 악마'와의 싸움 … 63
  즉답보다는 숙고하는 습관을! … 65

목표를 세우는 법 … 66
  목표로 세우는 이유와 원칙 … 68
  달리기를 완주하는 법 … 69
  여름 방학의 실패에서 배우는 '작은 목표'를 설정하는 법 … 71
  '작은 목표'는 적극적으로 수정을! … 74

자신감을 얻는 방법 … 76
  자기 효능감 … 77
  스스로 해결한 성공 경험은 자신감의 근원이 된다. … 80
  배움은 인생의 행복으로 이어진다. … 81

편한 것보다 즐거운 것을 택하자. … 83
  편한 쪽을 선택하면 지루한데다 얻는 것도 적다. … 86
  문제집 고르는 법 … 88
  공부는 힘든 것? … 90
  고민된다면 '즐거운 쪽'을 고르자. … 92

제3장 숨겨진 비법 [개념 공부법]

개념 공부법 (문제에 접근하는 법) ⋯ 96
　문제가 풀리지 않을수록 몰입해 버리기 마련이다. ⋯ 97
　문제해결의 첫걸음은 문제와 거리를 두고 생각하기 ⋯ 98
　문제를 멀리서 보기 위해 대상을 추상화하자. ⋯ 100
　대상과 거리를 두고 생각하는 훈련 ⋯ 102

개념 공부법 (문제집 사용법) ⋯ 107
　시험에 출제되지 않는 문제로 시험에 대비하자. ⋯ 110
　'해답지'를 활용하는 법 ⋯ 112
　'빈출 문제'에 대처하는 방법 ⋯ 114
　'해답'이 만들어지는 방법 ⋯ 115

개념 공부법 (복습 방법) ⋯ 117
　배움의 3단계 ⋯ 118
　'일인 수업'의 기막힌 효과 ⋯ 120
　노트 필기를 금지했던 전설의 수업 ⋯ 122
　미래의 자신이 봤을 때 다시 읽고 싶어지는 필기를 하자! ⋯ 125
　'오늘의 학습 노트'를 만들자. ⋯ 127

키친타이머 공부법 (시간사용법) ⋯ 129
　하루 14시간의 공부 ⋯ 131
　키친타이머 공부법 ⋯ 132
　'지치기 전에 쉬어주는 것'이 중요 ⋯ 133
　황금 시간대 ⋯ 135
　영어공부의 비중 ⋯ 137
　공부할 의욕이 생기지 않을 때에는? ⋯ 138
　빨리 일어나는 요령 ⋯ 140

제4장 지식을 지혜로 바꾸는 [최강의 기억법]

주체적으로 학습한다. (철저하게 조사한다) ··· **144**
    주체적으로 공부하라. ··· **146**
    주체적 공부의 영재 교육을 받은 에디슨 ··· **147**
    스스로 찾아보지 않는 일본인 ··· **149**
    철저하게 조사한다. ··· **152**
    조사할 때 참고할 수 있는 책을 준비한다. ··· **155**

기억의 메커니즘 ··· **156**
    기억의 3단계 ··· **157**
    기억의 분류 ··· **158**
    장기 기억의 분류 ··· **161**
    뇌가 기억하는 원리 ··· **163**

기억력을 높이는 7가지 포인트 ··· **166**
    (1) 유의미화 ··· **168**
    (2) 조직화 ··· **168**
    (3) 연상 ··· **169**
    (4) 영상 이미지화 ··· **170**
    (5) 주의 ··· **171**
    (6) 흥미 ··· **172**
    (7) 피드백 ··· **172**

나가노식 기억술① (스토리 기억법) ··· **174**
    스토리 기억법 ··· **175**

나가노식 기억술② (덩굴식 기억법) ··· **179**
    덩굴식 기억법 ··· **182**
    덩굴에 감정을 넣자. ··· **183**
    '뇌의 가소성'을 유효하게 사용하자. ··· **185**

나가노식 기억술③ (노래 개사하기, 언어유희, 오감 활용, 반복) … 187
　개사 기억법 … 188
　언어유희 기억법 … 190
　오감 활용 기억법 … 191
　무의식적 기억의 유지 … 193
　나가노식 반복법 … 196

제5장 영어와 수학을 잘하려면

손으로 쓰자 … 200
　'쓰기'의 학습 효과를 보여주는 연구 … 202
　자신의 손으로 쓴다. … 204
　쓰기 스킬≒학력 … 206
　손은 제2의 뇌 … 207

과목별 공부법 (영어/수학) … 211
　영어 편 … 212
　단어 암기법 … 213
　해석도 구문도 가르치지 않는 전설의 수업 … 215
　'영어 두뇌'를 획득하다. … 216

　수학 편 … 218
　'수학 복습 참고표'를 활용한다. … 218
　계산 실수를 피하는 네가지 방법 … 220

맺음말 … 226

제 **1** 장

공부를 잘하는데 필요한 것들

공부를 잘하기 위한 3가지 요소

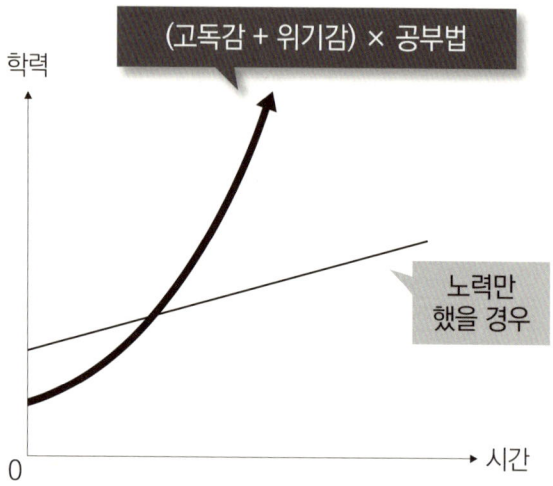

'누군가가 도와줄 거야.'
'어떻게든 되겠지.'
이런 생각을 갖고 있으면 성적 향상을 기대할 수 없음.
비약적인 성적 향상을 위해서는 '올바른 공부법'이
반드시 필요하다.

도쿄대 학생들은 어릴 때부터 '공부하라'는 말을 듣지 않았다

흥미로운 조사결과가 있다. '프레지던트 패밀리' 2014년 8월호에 실린 설문조사 결과를 살펴보자. 조사결과는 과거 10년에 걸쳐 1,064명의 도쿄대 학생들을 취재한 것을 정리한 것이다. 조사결과에 따르면 도쿄대 학생들을 일반 학생들에 비해 '공부해'라는 말을 들은 횟수가 적었다.

고등학교 시절 친구들은 부모님의 잔소리에 대해 자주 불만을 토로하곤 했다.

'공부하라고 만날 잔소리만 해.'

'나도 그래.'

'있던 의욕까지 사라지는 기분이야.'

하지만 도쿄대학에 진학한 후, 주위에 물어보면 '공부하라'는 말을 들어본 적이 없다는 친구들이 대부분이었다. 앞서 이야기한 조사 결과는 그것이 내 주변인에 한정된 경우가 아니었다는 것을 말해준다.

'원래부터 공부를 잘하는데 왜 잔소리를 하겠어.'

이렇게 생각하는 분들도 있을 법하다. 당연한 말이다. 하지만 나는 성적이 좋아서 '공부하라'는 말을 듣지 않았던 게 아니다.

반대로 **'공부하라'는 잔소리를 듣지 않아서 성적이 좋아진 게 아닐까**라고 생각한다.

'공부해야지.'라는 말은 아이들이 스스로 공부를 하기 위해 필요한 모든 요소에 악영향을 준다.

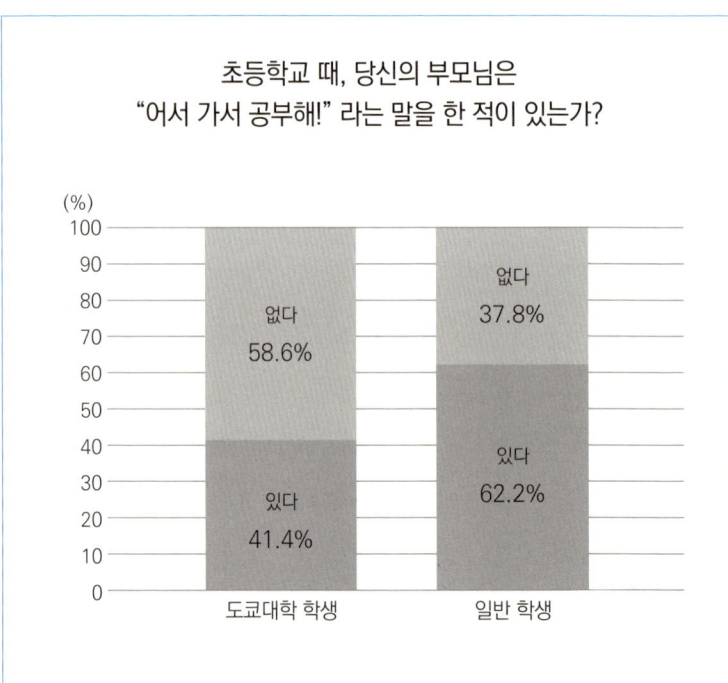

'열등생'과 우등생의 차이

나는 현재, 가나가와 현의 개인지도 형 나가노수학학원에서 중고등학생과 직장인을 대상으로 수학과 이과과목 강의를 하고 있다. 학생 때부터 계속해서 과외 교사를 해왔던 지라 그 경력까지 합친다면 약 20년 동안에 500명 이상을 가르쳐 온 셈이다.

물론 일반화시킬 수는 없지만 개인 교습학원이나 과외를 생각하는 대부분의 학생들은 집단 수업으로 큰 효과를 보지 못했던 경우가 많다. 지금까지 내가 지도해 왔던 학생들도 그 대다수가 (단도직입적이긴 하지만) '열등생'이라고 불렸었다. '그저께 면담을 했는데 지금 이 성적으로는 졸업을 할 수 없데요….'라고 눈물을 글썽이며 이야기하는 학생도 있었다. 아이러니하게도 그런 학생들의 부모님은 **거의 대부분이 교육열이 굉장하다**. 정기고사에 있어서 부모님이 본인보다도 시험범위를 잘 알고 있다. 또한 자녀가 부탁하지 않아도 아이의 공부를 일상적으로 봐 주곤 한다. 이와 같은 학습 환경을 가진 가정에서는 '공부하라'는 말이 당연하게 오갈 것이다.

한편 소수이지만, 나가노 수학 학원에는 집단 수업으로 만족을 하지 못하는, 성적이 매우 우수한 학생들도 있다. 그 학생들은 카이 세이나 아자부, 시부야마쿠하리와 같은 명문 학교에 다닌다. 그들의 공통점은 자신이 스스로 정보를 얻어 나가노 수학 학원을 찾아냈다는 점. 혼자 면담에 참가하는 것은 물론, 모든 결정을 스스로 내려(물론 보호자의 승낙은 필요하기에 그 부분은 추후 서면으로 확인을 하고 있다) 등원을 하고 있다는 점이다. 내가 추측건대 그들에게는, '나 자신 외에 누가 대신 해주겠는가.'라는, 일종의 사명감과도 비슷한 **고독감**을 갖고 있을 것이다. 또한 '이대로는 안 돼.'라는, 강한 **위기감**도 갖고 있다. 내가 학생일 때와 그들을 비교하면 현재의 그들이 나보다 훨씬 우수한데도 말이다.

기록적인 대설 경보가 수도권 전체에 발령된 날이 있었다. 나는 학생의 집에 연락해 '날씨가 좋지 않으니 오늘은 휴강하겠습니다.'라고 전했다. 그 말을 들은 학생의 어머니는 곤란하다는 듯이 말했다.

'무슨 일이 있어도 학원에 가야 한다고 아까 전에 출발 했어요….' 그 학생은 예정보다 10분정도 늦게 도착했다. 그 때의 그의 차림이란. 스키복을 입고 '여기는 혹시 설산에 있는 산장이 아닐까'라고 생각 될 정도의 중장비를 동원해 학원에 왔다. 물론 학생의 안전은 그 무엇보다 중요하지만, 그 정도의 각오와 의지를 가진 학생이 있다면 나도 정성을 다해 가르쳐 주고 싶은 법이다.

그렇다면 여기서 하나 짚어보자. 부모님은 이 정도의 의지를 보이는 학생에게도 '공부하라'는 말을 할까? 아마도 하지 않을 것이다. 반대로 '오늘은 밖에 나가면 위험하니 학원은 쉬어라.'고는 할지도 모른다. 이 정도의 의지가 있는 학생은 반드시 실력이 향상하게 마련이다.

공부를 잘 하기 위해 필요한 것은 고독감과 위기감이다. 부모가 계속 '공부하라'는 잔소리를 하면 아이는 부모가 자신을 걱정해주는 것에 안심하게 되어 '언젠가는 부모님이 도와주겠지.'라는 안일한 생각을 갖게 된다. 이러한 학습 환경에서는 고독감과 위기감도 당연히 가질 수 없을 것이다.

고등학교 2학년 때까지 내가 받은 모의고사의 성적은 항상 E(지망 학교 다시 생각해볼 필요가 있음)였다. 그럼에도 불구하고 나는 '공부하라'는 소리를 한 번도 들어 본적이 없다. **'누가 시켜서 하는 공부는 자신의 재산이 되지 않는 법이다.'** 견해가 내 아버지의 지론 있었기 때문이다. (내 어머니는 나에 관해서, 어떻게든 잘 될 것이 분명하다고 막연하게 생각하고 계셨단다. 하하.)

공부에 관한 간섭이 전혀 없었기에, 당시의 나는 피아노에 대한 생각만 잔뜩 하고 있었다(고등학교 2학년 1학기까지는 음대 진학을 생각하고 있었다).

그러던 어느 날, 문득 '이대로는 안 되겠어.'라는 생각을 하게 되었다. 미래의 자신을 떠올렸을 때 강렬한 불안감을 느낀 것이다. 그리고 그 불안감은 나에게 '뭐라도 해봐야겠다!'는 생각을 갖게 했다.

공부를 잘하기 위해 가장 필요한 것

교육에 관련된 유명한 격언으로 **'사자는 자신의 새끼를 깊은 골짜기에 떨어뜨린다.'**는 말이 있다. '깊은 골짜기.' 이러한 환경은 고독감과 위기감을 불어 넣기 위해 모두에게 필요하다. '누가 시켜서 하는 공부는 자신의 재산이 되지 않는 법이다.'를 입버릇처럼 말했던 아버지의 참 뜻도 사실은 여기에서 비롯된 것일 것이다.

그렇다면 당신은 어떻게 생각하는가? 이 책을 손에 집어든 당신은 아마도 무언가 공부를 하려고 함에 틀림이 없다.

자격증 공부? 승진시험을 위한 공부? 아니면 수능시험을 위한 공부? 무엇을 위한 공부인가는 그리 중요하지 않다. 하지만 한 가지 분명한 사실은, '지금까지 해왔던 방법으로는 안 되겠어. 뭔가 다른 방법을 시도해 봐야지.' 라는 생각을 하고 있을 거라는 점이다.

이런 생각을 갖고 있는 **당신은 공부하는 데에 필요한 고독감, 위기감이라는 감정을 이미 가진 셈이다.** 또한, 앞으로 공부하는데 이런 감정들 은 분명 도움이 될 것이다.

나는 앞서 '공부를 잘하는데 필요한 3가지 요소'로 고독감과 위기감을 들었다. 그렇다면 또 하나의 필요한 요소는 무엇일까? 당연하게 느낄 수도 있지만 무엇보다 **올바른 공부 방법**이 필요하다.

수면 시간을 최소화 시키면서 고독감과 위기감을 갖고 책상 앞에 장시간 앉아 있어도 올바른 방법으로 공부하지 않으면 효과는 기대할 수 없다. 잘못된 공부 방법으로는 실력향상은커녕, 마이너스 효과를 낳을 가능성마저 농후하다. 그런 면에서 보면 공부 효과에 끼치는 공부 방법의 영향이 얼마나 지대한지 알 수 있다.

나에게 있어 '실력향상'과, 그에 필요한 '세 가지 요소'의 상관관계는 다음의 '수식'처럼 나타낼 수 있다. 참고로 공부 방법에 관해 '×공부법' 이라고 곱셈을 사용해 나타낸 것은 **공부법의 영향이 가장 크다**는 것을 의미한다.

'실력향상'= (고독감+위기감) ×공부법

이 말을 바꾸어 말하면, **고독감과 위기감을 갖고 올바른 공부법으로 공부를 하게 되면 실력을 비약적으로 향상 시킬 수 있다는** 의미이다. 이것에 관해서는 내 지도를 받은 많은 학생들이 '꼴찌'에서 학년의 상위권으로 비약적인 발전을 보여줌으로써 증명된 바 있다.

도쿄대 교수인 아버지가 가르쳐 준 공부법에서는 도쿄대학교에 합격한 내 경험, 또한 긴 세월의 학생 지도 경험으로 갈고 닦은 내 공부법에 관한 모든 것을 담았다. 잔뜩 기대해도 좋다!

최고가 되기 위한 사람의 마음가짐

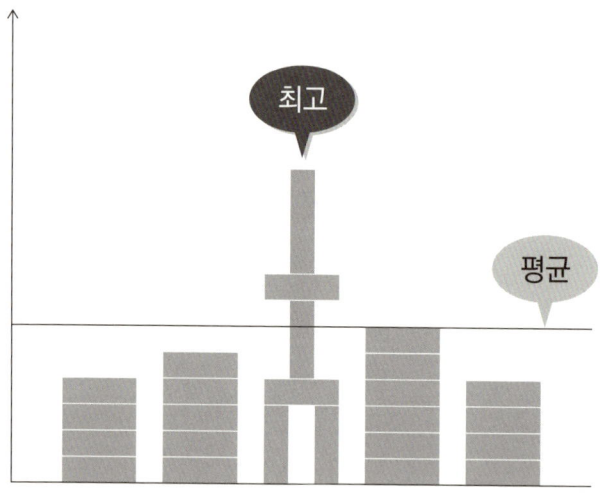

타인과 다른 사고를 하는 자 만이
최고가 될 수 있는 가능성을 갖는다.

국제성인역량조사는 1위,
하지만 천재는 가뭄에 콩 나듯 하는 일본의 실정

 2013년 가을, 경제협력개발기구(OECD)가 실시한 국제성인역량조사(PIAAC)의 결과가 공표되었다. OECD는 15세 아이들을 대상으로 학습 도달도 조사(PISA)를 정기적으로 시행하고 있는데 이번에는 성인을 대상으로 처음 실시 된 것이다.

 이번 조사에는 선진국을 중심으로 한 24개국의 지역이 참가했고, '독해력', '수학적 사고력', 'IT를 활용한 문제해결능력', 이렇게 세 가지 분야의 문제가 출시되었다. 조사 결과는 다음의 표와 같다. 일본은 '독해력'과 '수학적사고력', 이 두 가지 분야에서 평균 득점을 냈을 때 1위를 달성했다.

 1위라는 순위 자체는 물론 대단한 것이다.

 하지만 예전부터 **'일본인은 모방 능력이 뛰어나지만 독창성이 없다.' '일본에는 특출한 재능을 가진 인재가 부족하다.'**는 지적이 이어져 왔던 것도 사실이다.

PIAAC 분야별 결과 각국 비교

국가명	독해력	수학적사고력	IT를 활용한 문제해결능력	
	평균득점	평균득점	레벨 2/3인 성인의 비율	평균득점
OECD평균	273	269	34%	283
호주	280 (4)	268 (13)	38% (6)	289 (3)
오스트리아	269 (17)	275 (10)	32% (13)	284 (7)
캐나다	273 (11)	265 (14)	37% (7)	282 (12)
체코	274 (9)	276 (9)	33% (12)	283 (9)
덴마크	271 (14)	278 (7)	39% (5)	283 (8)
에스토니아	276 (7)	273 (11)	28% (16)	278 (16)
핀란드	288 (2)	282 (2)	42% (2)	289 (2)
프랑스	262 (21)	254 (20)	m	m
독일	270 (15)	272 (12)	36% (8)	283 (11)
아일랜드	267 (20)	256 (19)	25% (18)	277 (18)
이탈리아	250 (23)	247 (22)	m	m
일본	296 (1)	288 (1)	35% (10)	294 (1)
한국	273 (12)	263 (16)	30% (15)	283 (10)
네덜란드	284 (3)	280 (4)	42% (3)	286 (6)
노르웨이	278 (6)	278 (6)	41% (4)	286 (5)
폴란드	267 (19)	260 (18)	19% (19)	275 (19)
슬로바키아	274 (10)	276 (8)	26% (17)	281 (13)
스페인	252 (22)	246 (23)	m	m
스웨덴	279 (5)	279 (5)	44% (1)	288 (4)
미국	270 (16)	253 (21)	31% (14)	277 (17)
벨기에	275 (8)	280 (3)	35% (11)	281 (14)
영국	272 (13)	262 (17)	35% (9)	280 (15)
키프로스	269 (18)	265 (15)	m	m

(주)IT를 활용한 문제해결능력의 평균득점은 PIAAC의 데이터를 토대로 하고 있고, 컴퓨터로 조사된 해답을 모수로 해 국립교육정책연구소에서 산출했다. 키프로스, 프랑스, 이탈리아, 스페인은 IT를 활용한 문제 해결능력 분야에 불참했다(m=데이터를 얻지 못함)

표에 있는 수치가 동일한데도 순위가 다른 이유는, 소수점 이하의 차이에 의한 것. 또한 본 표에는 러시아의 데이터가 기재되어 있지 않다.

- ▨ OECD평균보다 통계적으로 근소하게 상위를 점하는 나라
- ▨ OECD평균과 통계적으로 차이가 없다고 보여 지는 나라
- ▨ OECD평균보다 통계적으로 근소하게 하위를 점하는 나라

(출처: 문부과학성)

'IT를 활용한 문제해결능력' 에 관해서는 컴퓨터 조사를 하지 않은 사람들을 모수에 포함했을 때 레벨2/3이였던 사람의 비율로 보면 OECD평균 정도이고, 컴퓨터 조사를 한 사람의 평균 득점으로 봤을 때는 참가국 중 1위가 된다.

그렇다면 여기서 하나, 일본에서 천재가 나오기 힘든 건 단지 사회 제도 때문일까? 예를 들어보겠다.

'6명의 아이에게 1사람에 4개씩 귤을 주려고 한다. 귤은 몇 개 있어야 좋을까?' 이와 같은 문제에 대해 '6×4=24'는 오답이고 '4×6=24'만을 정답으로 치는, 이른 바 '곱셈의 순서에 관한 문제'가 있다. 1972년, 아사히 신문의 기사가 발단이 된 이 문제는 아직까지도 해소가 되고 있지 않고 있어 이러한 일본의 교육 실태가 아이들의 개성을 해치고 있는 건 아닐지 걱정이 된다.

가정에 있어서도 마찬가지다. 자녀를 다른 가정의 자녀와 비교해 '○○씨 집에 ○○는 ○○○라던데.'라고 비교하며 자녀의 걱정을 하는 것은(적어도 일본에서는) 극히 일반적인 부모의 모습으로 보인다. 나도 두 명의 딸을 가진 부모기 때문에 자신의 아이가 다른 아이보다 뒤쳐지는 부분이 있으면 신경이 쓰이는 부모의 마음을 잘 알고 있다. 다른 아이는 줄넘기를 잘하는데 우리 아이만 줄넘기를 못한다면 어떻게든 평균 수준으로 올리기 위해 반복 연습을 시키고 싶을 것이다.

하지만 아이를 '평균' 수준으로 만드는 것. 이것에는 도대체 무슨 의미가 있을까? 만약 줄넘기를 못한다고 해도 그것은 그리 중요하지 않다. 그것을 단점으로 치부하지 않고, 장점이 될 만한 다른 개성을 찾아 칭찬해주는 것이 가장 중요하다.

'남들이랑 같아져야지', '남들 하는 만큼만 해.'라는 학습 환경에서는 아이를 '천재' 혹은 주위를 압도하는 최고의 인재로 만들기 어렵다.

내가 생각하는 이상적인 선생님

내가 교사로서 동경하고 항상 지침으로 삼고 있는 분이 있다. 그분은 바로 빈 국립음악대학교 지휘과에서 교수를 맡고 있는 유아사 유지교수다. 유아사교수의 문하에는 세계에서 활약하는 명성 있는 음악가들이 여럿 존재하고 그 중에는 국제 대회에서 우승한 사람들도 많다. 예를 들면 오자와 세이지나 사와타리 유우를 배출한 브장송 국제지휘자대회에서는 문하생 중 소가 다이스케, 반 테츠로, 시모노 타츠야, 가키우치 유키가 우승한 바 있다. 세계적인 지휘자 대회에 한 스승의 문하에서 4명의 우승자가 나오다니, 이건 유아사교수만이 갖고 있는 저력임에 틀림없다.

내가 유아사교수의 수업에서 항상 감명 받고 있는 점이 있다. 그는 제자들에게 절대 틀에 박힌 방식을 요구하지 않는다. 그 증거로, 유아사교수의 제자들은 모두 개성이 뚜렷하고 각자 자신의 스타일이 있다. 모두가 각자의 고유한 색을 지니며 그 재능을 백분 발휘하고 있는 것이다.

가르치는 입장이 되어보면 알겠지만 그것은 정말 대단한 재능이다. 하나의 틀을 모든 학생들에게 일괄적으로 주입시키고 그것을 모방하게끔 하는 것이 교사 입장에서는 훨씬 편하기 때문이다. 유아사교수와 같은 강의를 하기 위해서는 지도 능력도 물론 중요하지만 무엇보다 다양한 교수법을 갖고 있어야 한다. 다양한 교수법을 갖고 있기에 그의 문하에서는 청출어람의 '천재'가 나올 수 있는 것이다.

유아사교수는 이전에, '전통이 깊은 유럽 지역에 있어 아시아 사람들은 언어 등에 핸디캡을 가지기 마련이다. 아시아인들이 활약할 수 있는 무대를 만들려면 실적을 쌓아 그들에게 인정받아야 한다.'고 말한 적이 있다. 그런 생각이 있기에 국제 대회에서 제자를 우승시키기 위한 고민을 거듭할 수 있는 것이다. 그는 아시아인과 유럽인이 대등해지길 바라는 것이 아니다. 그의 수업은 인종을 넘어 **철저하게 최고를 지향하는 수업**인 것이다.

아직까지 나는 유아사교수의 발끝만치도 따라가지 못하지만, 적어도 학생들을 틀에 가두지 않으려 노력한다. 그리고 학생들 각자가 갖고 있는 '자물쇠의 구멍'에 맞는 단 하나의 열쇠를 줄 수 있는 교사가 되기 위해 매일을 궁리한다.

아버지가 해주신 유일한 조언

내 아버지는 '~해' 라는 말을 하지 않았다. 그런 아버지가 공부법에 관한 조언을 딱 하나 해줬는데 그것은,
'남들과 같은 방법으로 공부하면 안 된단다.' 는 것이었다.

솔직히 말해 처음 이 말을 들었을 때(아마도 중학교 때였을 것이다)에는 별로 마음에 와 닿지 않았다. 하지만 공부에 박차를 가하기 시작한 고등학교 2학년 끝날 쯤 처음으로 이 말을 떠올리게 되었고, 머지않아 **공부하는 요령을 터득 할** 수 있게 되었다 (구체적으로는 제3장에서 자세히 언급하겠다).

남들과 같은 방법을 시도하는 것은 부끄러운 것이다!

나는 초등학교 6년 동안의 교육과정에 있어서 18학기 분의 통지표에 전부 '침착하지가 못하다.'는 선생님의 의견을 받았다. 선생님께 주의 받은 적이 얼마나 많았던지, 친구가 몇 번 주의를 받았었는지 세어준 적도 있다. 그 친구에 의하면 50분 수업에서 나는 무려 43번의 주의를 받았다고 한다(당시 우리 반 담임선생님, 반 친구들에게는 정말 미안하게 생각하고 있다). 물론, 부모님은 몇 번이나 학교로 불려왔다. 하지만 어머니는 그런 나를 심하게 야단치지 않았다. 야단은

커녕, 내게 다른 아이들과 다른 점이 있는 것을 재미있게 여기고 흐뭇해했던 것 같다.

그런가 하면, 앞에서는 혼내도 뒤에서는 이렇게 말하는 학교 선생님들도 있었다. "이 아이는 호기심이 충만한 아이에요. 그러니까 자잘한 말썽은 너그럽게 봐주세요." 물론 수업을 방해하는 나를 싫어하는 선생님도 있었지만 말이다.

결과적으로 나는, 가정에 있어서도 학교에 있어서도 '평균'을 추구하지 않는, 일본에서는 조금 드문 유형의 어른들에게 둘러 싸여 자란 셈이다. 이와 같은 주위 환경의 영향으로 나는 **'다른 사람들과 똑같아지는 건 부끄러운 일이야.'**라는 생각을 갖게 되었다. 또한 나는 이런 생각 자체를 너무나 자연스럽게 생각했기 때문에 결혼한 뒤 '지금까지 다른 사람들과 다르다는 것을 부끄러운 것이라고 생각했다.'는 아내의 고백을 듣고 크게 놀랐었다.

당신은 어떤 유형인가? 아마 당신이 내 아내와 같은 생각을 갖고 있었다면 공부하는 것이 분명 힘들었을 것이다(아내도 공부가 힘들었다고 한다).

최고가 되기 위한 공부법과
평균점수를 받기 위한 공부법은 다르다.

'배우다'의 어원은 '흉내 내다'에서 유래되었다. '모방은 창조의 어머니이다'라는 말도 있다. 하지만 모방으로 끝나게 되면 절대로 최고로써 정상에 설 수 없다. 모방을 하게 되면 아무리 노력한다 해도 이인자의 자리밖에 얻을 수 없다. 물론 효율성의 측면에서 보면 모방으로 시작하는 것이 좋을 수도 있다. 하지만 **모방이라는 것의 본래 목적을 잊지 않고 시간을 들여 자신의 방식으로 발전시키는 사람. 그런 사람만이 최고의 자리에 설 수 있는 가능성을 갖게 된다.**

내 아버지는 교육자이기 전에 연구자이기도 하다. 연구자의 주어진 사명은 학술논문에 있어 자신의 독자성을 나타내야만 한다. 연구라는 건 세계 최고가 되지 않으면 의미가 없다. 그런 세계에서 경쟁한 아버지에게 있어서 **학문을 탐구할 시 남들과 다른 궁리를 하는 자세는 연구자로써의 당연시되어 온 기본 중에 기본**이었을 것이다.

나는 이 책을 통해 '평균점수를 받기 위한 공부 법'을 가르치려는 것이 아니다. 극단적으로 말해 평균을 받기 위한 공부법은 **다른 사람의 흉내를 내는 공부법**이라 할 수 있다. 남들과 '같아지는 것'을 목표로 다른 사람이 하고 있는 것을 쫓아 그에 맞춰가는 공부법. 그

것은 우수한 사람들을 추종하는데서 오는 열등감에 자극을 받고 분개하며 공부를 하는 방법이다.

'공부… 진짜 너무 하기 싫어.' 많은 사람들이 이렇게 생각한다. 하지만 그것은 지금까지 해왔던 공부가 '평균점수를 받기 위한 공부'였기 때문이다.

그에 반해 내가 아버지에게 배운 것은 '최고가 되기 위한 공부법'이었다. 특별한 비책은 아니다. 누구를 모방한 공부가 아니라 자신의 머리로 생각해서 얻은 자신만의 공부법이라 다른 사람의 입장에서는 비효율적으로 보일 수도 있다. 그렇지만 **이 공부법은 매우 재밌다**. 스스로 생각해 몰랐던 진실과 마주했을 때의 그 경험은 자기 자신에게 크나큰 쾌감이 된다. 내가 고등학교 때부터 줄곧 공부가 재미있다고 생각할 수 있었던 것은 아버지에게서 힌트를 얻은 공부법이 최고가 되기 위한 방법이었기 때문이다.

내가 이 책을 쓰는 건 지금껏 쌓아온 내 공부법이 독자들에게 도움이 되었으면 하는 바람도 물론 있지만, 이 방법을 모방하는 것으로 만족하지 않았으면 한다. **내 공부법을 참고는 하되 시간을 들여 자신만의 고유한 공부 방법으로 만들자**. 물론 나도 그렇게 할 수 있도록 힌트를 많이 제시할 것이다.

'그게 과연 가능할까?'라는 생각은 던져버려라.

실현 가능하다. 당신의 재능을 백분 발휘할 수 있게 하는 것은 당신에 대해 가장 잘 알고 당신의 성장을 가장 바라고 있는 당신 스스로가 될 테니까 말이다.

암기 능력보다 사고 능력

문제의 해결 방안에 주목한다면
지혜로 남는 '사고 능력'이 생긴다.

지식과 지혜의 차이

아이슈타인의 일화를 알고 있는가? 그렇게 똑똑한 인물이 정작 자신의 전화번호는 몰랐다고 한다. 지인이 그걸 두고 놀리자, '**찾아보면 바로 알 수 있지 않은가. 그런 쓸 데 없는 걸 외울 만큼 내 뇌는 한가하지 않아!**'라고 받아치며 전화번호부를 던져버렸다는 일화다.

그런가 하면 그는 '**교육이란, 학교에서 배우는 것을 모두 잊어버린 다음에도 남아 있는 것이다.**'라는 말도 남겼다고 한다(이건 내 좌우명이기도 하다).

'학교에서 배우는 것'은 **지식**(knowledge)이다. 그리고 '그 후에 남는 것'은 **지혜**(wisdom)가 된다. 그런 의미에서 아인슈타인은 마구잡이로 지식을 쌓는 것보다, 언제나 지혜를 쌓는 방법을 궁리 했던 것 같다.

지식과 지혜이라는 단어는 닮아 보이지만, 그 의미에 있어서는 큰 차이가 있다. 지식은 사실로써 알고 있는 내용을 말한다. 예를 들면 요리법은 지식이 된다. 반면, 지혜는 매사에 논리적으로 접근하고 계획을 해 올바르게 처리할 수 있는 능력으로, 요리로 말하자면 주어진 식재료로 요리를 만들 때의 능력을 지혜라고 말할 수 있다.

지식은 열심히 외워도 언젠간 잊어버리기 마련이지만, 한번 얻은 지혜는 잊으려 해도 잊을 수 없는 법이다. 지식으로써 어떤 요리의 조리법을 외웠다고 하자. 그 요리를 일정 기간 하지 않는다면 금방 분량과 순서 등을 잊어버릴 것이다.

"아니에요. 한 번 들은 조리법은 대충 알고 있어요."라고 말하는 사람들도 있을 것이다. 하지만 그런 사람들은 원래 조리법 따위 없이도 냉장고에 있는 식재료를 이용해 뚝딱뚝딱 요리를 할 줄 아는 사람일 것이다.

잊지 않고 계속해서 기억을 한다는 것. 이것은 바로 지식이 지혜로 바뀌었다는 증거가 된다. 요리사가 조리법을 잊지 않는 건 조미료에 관해서도 요리 순서에 관해서도 그 의미를 정확하게 이해하고 있기 때문이다. 틀림없이 그의 머릿속엔 요리법 전체가 하나의 스토리로 형성되어 있을 것이다(지식을 지혜로 바꾸는 기억술에 대해서는 제4장을 참조하라).

한때 '불꽃 요리사'로서 이름을 날린 슈우 토미토쿠 "도대체 몇 종류의 음식을 만들 수 있는가?"라는 질문에 대한 그의 대답은 상당히 인상적이었다.

"나는 1,000가지 이상의 요리를 만들 수 있지만, 1,000가지의 요리법을 다 기억하고 있는 것은 아니다. 내가 기억하고 있는 건 요리의 맛과 모양뿐이다. 그 외에는 중화요리의 조리법에 따라 그것을 재현할 뿐이다." 그것이 바로 요리의 지혜인 것이다.

지도보다 나침반을!

현대 사회에서는 인터넷이 보편화 되어 지식을 쉽고 빠르게 검색할 수 있다. '찾으면 바로 알 수 있는 것들'의 범위는 감히 옛날과 비교할 수 없을 정도로 확대되었고, 스마트 폰이나 PC, 음성 입력 등의 보급으로 여러 정보를 손에 간편하게 넣을 수 있다.

알고 싶은 배우에 대해 검색을 하면 배우의 과거 출연 작품은 물론이고, 이혼 경력, 좋아하는 음식까지 다 알 수 있는 시대이다. 언제 어디서든 인터넷에 접속 가능한 시대이기 때문에 이것들을 지식으로써 머리에 넣는 것은 아무런 의미가 없어졌다. 게다가 세계의 변화 속도는 가속화 되고 있다. 세계의 정세에 있어서도 비즈니스에 있어서도 어제까지는 상식이었던 것들이 오늘의 비상식이 되곤 한다. 이 점에 대해 'MIT Media Lab'의 소장인 이토 조이치는 다음과 같이 언급했다.

'세계의 빠른 변화 속도에 더 이상 '지도'라는 건 도움이 되지 않는다. 필요한 것은 '나침반'이다. 그리고 솔직하고 겸허하며 권위에 휘둘리지 않는 자세가 필요하다.'

과거에 만들어진 '지도'를 많이 보유한 사람, 즉 풍부한 지식을 가진 사람이 존경 받는 시대는 지났다고 해도 과언이 아니다. 앞으로의 시대에 필요한 것은 다른 누구도 시도하지 않았던 길을 걷기 위해 나침반을 보유한 사람, 즉 지혜가 있는 사람이 될 것이다. 그렇다, **현대 사회는 지식 보다 지혜가 필요한 사회이다.** 그렇다면 어떻게 하면 지혜라는 이름의 '나침반', 또는 그 '남는 무언가'를 가질 수 있을까?

'남는 무언가≒지혜'를 터득하는 요령

나는 수학 강사로서 가장 큰 사명은 학생들에게 '남는 무언가'를 전하는 것이 아닐까 생각한다. 그리고 남는 무언가를 얻을 수 있는 요령을 터득할 수 있도록 성심성의를 다하고 있다. 나는 학생들에게 교과서에 실려 있는 이론이나 공식을 자신만의 방법으로 철저히 증명할 수 있도록 가르치고 있다. 그 이유를 짐작해보았으면 한다. 철학자이자 교육자였던 루소는 이렇게 말했다. **'어떤 진실을 가르치는 것보다, 진실을 도출해 내려면 어떻게 해야 하는지를 가르치는 것이 더 중요하다.'**

중고등학교 때 배운 수학 이론과 공식은 약 4000년이라는 수학 역사에서 가장 세련되고 가장 범용적인 것들을 모아놓은 것이다. 인류가 축적한 지식의 결정체라고 할 수 있다. 하지만 아무리 숫자감각이 뛰어나다 하더라도, 이론과 공식에 수학을 대입해 문제를 푸는 것으로는 '남는 무언가'를 얻을 수 없다. 피타고라스의 정리나, 2차방정식의 근의 공식도 그 결과는 결국 지식에 불과하기 때문이다. 인류의 보물이라고도 말할 수 있는 그 **지혜의 본질은 그것들의 이론과 공식이 도입된 과정에 있다.** 그 위대한 결론에 다다르려는 노력이 있어야 비로소 현인들의 발상법과 사고방식을 알게 되는 경지에 이르게 된다.

과정에 주목해 현인들의 발상법, 생각을 접하게 되면 자기 자신도 언젠가는 그와 같은 발상을 할 수 있게 된다. 그런 발상법과 사고방식이야말로 '남는 무언가'가 되는 것이다. 이것들은 한번 몸에 배이게 되면 절대로 없어지지 않는다. 수학에 한정된 이야기가 아니다. **'남는 무언가=지혜'를 터득하는 요령은 결과가 아닌 과정에 주목하는 것이다.**

과정에 주목해 피라미드를 생각하자.

과정에 주목한다는 것은 어떤 것인지 피라미드를 예로 들어보겠다. 피라미드를 고대 이집트인이 만든 '하나의 결과'로 밖에 보지 않는 사람들이 있다. 그런 사람에 피라미드란 단지 하나의 유적에 불과하다. 하지만 피라미드가 만들어진 과정에 주목하는 사람에 있어서는 '동력이 없었던 시대에 어떻게 그 거대한 건축물을 세울 수 있었지?'라는 경이로운 신비감을 주는 존재가 된다.

이 책을 집필하는 중, '피라미드 건축에 사용된 돌이 어떻게 옮겨졌는지 드디어 밝혀졌다.'는 기사가 인터넷에 떠서 굉장히 화제가 되었다. 채석장에서 건축 현장까지 2.5톤이나 되는 거대한 돌을 옮긴 방법이 드디어 밝혀진 것이다. 돌을 썰매에 옮겨 운반하려 하면, 돌의 무게 때문에 썰매가 파묻히게 되고 그 앞에 작은 모래 산이 생겨 썰매가 움직이지 않게 되는 것이 지금까지의 난제였다. 그렇게 되면 일일이 모래 산을 제거해야 해 효율성이 떨어지는데다가 막대한 인력이 필요하다.

암스테르담 대학의 연구진은 이 설에 대해서 모래에 물을 뿌리면 모래가 딱딱해져 모래 산이 생기지 않게 되고 지금까지 생각 되어 왔던 힘의 절반 정도로 돌을 움직일 수 있다고 설명했다. 이 설을 뒷받침하는 증거도 있다. 19세기에 영국에서 발견된 제이호텝 무덤(Tomb of Djehutihotep)에서 거상을 옮기는 노예의 그림을 자세히 보면, 썰매 전방의 모래에 물을 뿌리는 남자의 모습이 잘 나타나 있어 놀람을 자아낸다.

어떠한가? 그저 **피라미드를 유적(관광지)로 인식했을 때엔 보이지 않았던 스토리의 확장 혹은 연결고리가 느껴지지 않는가?** 적어도 나에게는 이 새로운 가설과 100년 전에 발견된 그림이 공통된 부분을 나타내고 있다는 점에서 상당히 흥미롭게 다가왔다.

그렇다면 여기서 하나, 지금까지 해왔던 피라미드의 이야기는 당신에게 있어서 이제 '지식' 이상이 될 것이다. 고유명사는 잊어버렸다 하더라도 피라미드 건축에 사용된 돌의 운반 방법은 술자리나 데이트에서 언제든지 언급할 수 있는 '화제'로써 잊혀 지지 않는다. 또한 모래는 습기를 머금으면 딱딱해진다는 사실은, 혹 당신이 해안가 모래사장에 무거운 것을 옮길 일이 있을 때엔 필시 도움이 될 것이다. 이것이야말로 과정에 주목해 얻을 수 있는 '지혜'라는 것이 된다.

지혜를 기르기 위해 필요한 능력

지식을 얻기 위해 필요한 능력은 당연하겠지만 외우는 능력(암기능력)이다. 하지만 나는 내 자신이 생각해도 어이없을 정도로 암기 능력이 형편없다. 부끄러움을 무릅쓰고 고백하건데 지리 테스트에서는 반 꼴등을 한 적도 있다. 암기 쪽 과목의 점수가 형편없었던 건 늘 그래왔지만, 반 꼴등을 했을 때엔 답안지를 받았던 상황에 대한 기억이 강렬했던 탓에 아직도 내 머릿속에 선명하게 남아있다.

당시 지리를 담당하셨던 선생님은 점수 순으로 답안을 줬다. 시험 때부터 뭔가 불길한 예감이 들었었지만 그 불길한 예감은 틀리지 않았고 마지막 5명을 남겨둔 상황에서도 내 이름은 불리지 않았다. 최하위권의 5명에 들어가는 건 분명했다. 그렇지만 맨 마지막으로 불리는 불상사만큼은 피하고 싶었다. 두근대는 마음으로 기다리고 있던 그때였다. 선생님께서도 조금 짠하게 여겼는지 "남은 5명은 무작위로 부르겠다."고 말했다. 다행이었다. 조금은 마음이 진정되었다. 내 이름이 불린 것은 2명을 남겨둔 3번째. 하지만 그 다음 순간, 선생님은 충격적인 한마디를 내뱉었다.

"뭐, 꼴등은 너지만 말이야." 무작위로 부른 의미가 없어지는 순간이었다.

(늦어지기는 했지만)본격적으로 공부를 하기 시작 했을 때, 앞서 말한 '남들과 다른 공부법', 그리고 자신의 터무니없는 기억력에 의존하지 않아도 되는 공부 법, 통째로 암기를 최소한으로 줄일 수 있는 방법을 생각했다. 고민 끝에 내가 내린 결론은, **암기를 해야 할 것 같은 것 중에서 생각하면 답이 나오는 것들을 철저하게 배제하는 방법**이었다. 기억해야 할 분량을 최소한까지 줄이는 이 방법이 아니었다면 도쿄 대학에 합격하는 기적 같은 일은 절대 일어나지 않았을 것이다.

'내가 칠 시험은 자격증 시험이라 암기가 중점이다.'

이런 사람들도 있을 것이다. 하지만 나는 전화번호부와 같은 분량의 두터운 교본 책을 달달 외워야 했던 소믈리에 시험도 앞서 기술한 방법으로 돌파했다.

암기가 필요해 보이는 과목들도 실은 '생각해보면 알게 되는 것들'이 대다수다. '생각해보면 알게 되는 과목'은 암기할 필요가 없다. 그 원리만 알게 된다면 필요에 의해 언제든 해답을 찾을 수 있다. 앞서 '남는 무엇' 이야말로 지혜가 된다고 말해 왔지만 지혜가 '남은 무엇'인 이유는 '생각하면 알게 되는 것'이기 때문이다.

사고 능력이 생기면 '생각하면 알게 되는 것'의 범위도 자연스럽게 넓어진다. 즉, 잊고 싶어도 잊을 수 없는 **지혜를 얻으려면 사고하는 능력이 필요**한 것이다.

시대가 추구하는 것은 지혜이다. 사실 자격시험에 필요한 지식의 대부분도 지혜로 대처할 수 있다. 우리가 공부로써 갈고 닦는 능력은 암기하는 능력이 아니라, 사고하는 능력이다. 제3장에서는 이 '사고력'을 키우기 위한 한층 더 구체적인 방법에 대해 살펴보겠다. 기대하시라.

본질에 도달하는 최단 사고법

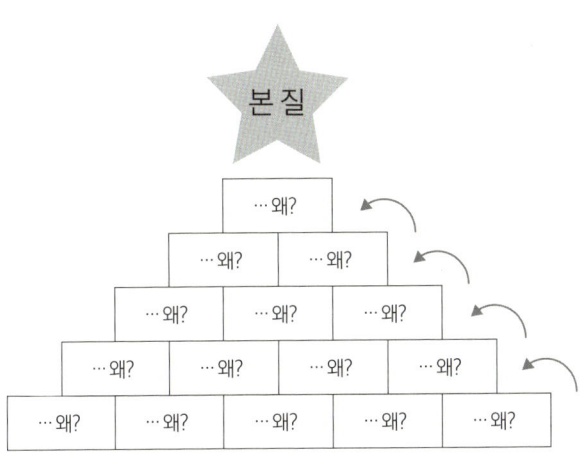

'…왜?'라는 질문을 늘리다보면
본질에 도달하게 된다.

나는 앞서 과정의 중요성에 대해 설명했다. 하지만 사실 이건 그렇게 쉬운 것이 아니다. 인간은 주변 사람들의 생각들을 무턱대고 신용하거나, 권위나 권력을 근거로 아무 생각 없이 납득해 버리는 존재다. 앞서 소개한 이토 조이치의 **'솔직하고 겸허하며 권위에 휘둘리지 않는 자세가 필요하다.'**는 말도 그런 의미에서는 같은 맥락의 문제를 제기하고 있다.

과정을 생각하고 지혜를 얻으려면 어떻게 해야 할까?

성적이 수직 상승하기 전에 꼭 걸치는 단계

내 학원에 처음 등록하는 학생들의 대부분은 '열등생'이라고 앞서 서술한 바 있다. 소위 열등생이라 불리는 그들이, 다른 학생들을 넘어 상위권의 성적을 얻기 전에 반드시 걸치는 단계가 있다. 그것은 바로 **질문을 하는 단계**이다.

나는 어떠한 학생이든 첫 수업 때에 '질문 있으면 하라.'는 말을 빠뜨리지 않고 하고 있다. 하지만 아이러니 하게도 공부를 못하는 학생일수록 '없어요.'라고 대답하는 것이다. 수업의 내용 혹은 학교에서 배운 것을 모두 알고 있기에 없다고 하는 것이 아니다.

'아무 생각이 없다.'는 말과 거의 동일한 의미인 것이다.

하지만 올바른 공부 자세가 몸에 들면 전까지 질문을 하지 않았던 학생도,

'어떻게 하면 이런 식으로 생각할 수 있을까?'

'왜 나는 이 문제를 풀지 못했던 거지?'

'이 문제에 숨겨진 의도는 뭘까?' 등의 **끊임없는 질문을 하게 된다. 과정을 보는 눈이 생기고 있다는 증거이다.** 이 단계로 접어든 학생들은 곧 성적이 비약적으로 향상되게 된다.

과정을 보는 눈을 얻는 마법의 한마디

앞서 말한 것과 같이, 나는 기억 분량을 최소화시키기 위해 생각해보면 알게 되는 것에 대해서는 철저하게 암기를 배제해왔다. 그 구체적인 방법은 **모든 것에 대해 '…왜?'라는 궁금증을 가지는 것이다.** 그 예로…

(1) 왜 'so~ that…'은 '너무 ~해서…' 라는 의미가 되는가?

(2) 왜 원의 면적을 구하는 공식은 '반경×반경×원주율'이 되는가?

(3) 왜 산업혁명은 영국에서 일어났는가?

(4) 왜 진한 초산과 동의 반응을 하면 이산화질소가 발생하고, 묽은 초산과 동의 반응을 하면 일산화질소가 발생하는가?

와 같은 것들이다.

필요에 의해 궁여지책으로 생각해낸 것이긴 하지만, 내가 '…왜?'라는 궁금증을 계속 가지는 공부법을 택하게 된 것에는 이유가 있다.

어릴 때에는 누구나가 다 매사에 있어 '…왜?' '…왜?'라고 부모님을 귀찮게 했을 것이다. 이 시기를 '질문기'라고 한다. 질문기에 접어든 아이를 둔 부모는 처음엔 '그건 왜냐하면~' 하며 대답을 해주려고 한다. 하지만 질문이 계속되면 '그만 좀 할 수 없겠니?'라며 질려하기 마련이다. 그에 반해 내 부모님은 내 '…왜?'에 대해 너무나도 흐뭇하게 대답을 해줬다. 특히 아버지는 내가 아무리 '…왜?'를 반복해도 전혀 귀찮은 기색 없이 여러 가지를 알려 주곤 했다. 또 가끔은 '그건 아빠도 잘 모르겠구나!'라는 말로 나를 당황시키기도 했다.

참고로 앞에 서술한 '…왜?'에 대한 '대답'은 다음과 같다.

(1) 영어의 'so'의 보편적인 의미는 '그렇게'이다. 그리고 'that'에는 '얼마나~'을 나타내는 '정도를 나타내는 접속사' 로서의 역할이 있다.

(2) 원을 상당히 작은 부채꼴 모양으로 자르면 반경×원주의 반(=직경×원주율÷2)의 직사각형에 가까워진다.(이것은 적분에 의한 값을 구하는 방식과 관계가 있다)

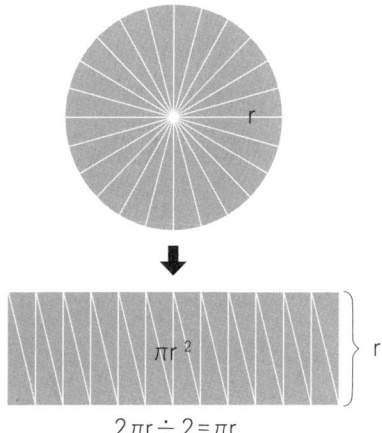

　(3) 영국은 식민지전쟁에서 승리해 넓은 시장과 막대한 부를 축적했고, 농업혁명에 따른 제2차 인클로저 운동으로 토지를 잃은 많은 농민이 노동력을 담당하게 되었기 때문이다.
　(4) 둘 다 '산화환원반응'으로써 초산의 질소(N)는 동에서 일정량의 전자를 뺏는다. 초산의 농도가 높으면 하나의 질소가 뺏는 전자의 수는 적어진다. 그런 반면, '초산→이산화질소'는 '초산→일산화질소'보다 질소의 산화수의 변화(1개의 원자가 가지는 전자의 증감)가 적다. 결국, 진한 초산에서는 이산화질소가 발생하게 된다.

　결과를 달달 외웠을 때엔 미처 알지 못했던 심오한 세계를 알게 되어 정말로 흥미로웠다(웃음). 더욱이 오른쪽 내용(과정)을 이해하게 되니 (1)~(4)는 지식이 아니라 지혜로 내게 다가왔다. 이와 같이

'…왜?'라는 질문을 하게 되면 과정을 찬찬히 살펴 볼 수 있게 되고 그 결과 **지혜를 얻게 된다**. '…왜?'라는 말은 과정을 보는 눈을 얻게 하는 마법의 한마디가 되는 것이다.

우주의 빅뱅마저 의심한다?

질문기가 지난 뒤에도 호기심의 중요성을 잘 알게 해준 인상적인 사건이 있었다.

초등학생 때, 아버지는 'Newton'이라는 과학 잡지를 자주 사주시곤 했다. 그 내용은 거의 이해할 수 없었지만, 아버지가 사 주셨다는 기쁨과 '최첨단'의 과학과 접할 수 있다 뿌듯한 감정에 매일 매일 열심히 읽곤 했다. 그러던 어느 날 나는 '우주가 처음 생길 때에는 빅뱅이라는 대폭발이 일어나, 그 후 1초도 지나지 않아 상상을 초월하는 크기가 되었다. 그리고 지금도 우주는 빛의 속도로 팽창을 거듭하고 있다.'는 **빅뱅이론**(Big Bang theory)의 존재를 알게 되었다. 아버지와 목욕을 하며 나는 과학에 대해 아버지와 고상한 이야기를 할 수 있을 거라는 묘한 자신감으로 들떠 있었다.

"우주는 빅뱅으로 시작됐잖아요."라고 잡지에서 읽은 내용에 관해 입을 열었다. 잘 알고 있구나, 그렇단다, 라는 대답을 기대한 나에게 아버지의 입에서 나온 말은 의외의 것이었다.

"음… 우주가 빛의 속도로 팽창하고 있다고 하는데 너는 믿을 수 있니? **아빠는 도저히 믿을 수가 없구나.** 우주의 시작이나 끝이라는 것은 그 누구도 정의할 수 없고 말이야."

나는 적잖이 놀랐다. 빅뱅이론은 'Newton'에도 실린 최첨단 이론으로써, 아버지와 같은 부류인 학자라고 불리는 '머리 좋은 사람들'에 있어서 당연히 상식일 것이라 생각했기 때문이다.

실제 그로부터 30년 이상이 지난 지금도, 빅뱅이론에 관해서는 활발한 논쟁이 일고 있다. 빅뱅이론은 아직까지 확증이 없는 이론이다. 2014년 3월에는 빅뱅이론을 뒷받침하는 '중력파'가 처음으로 관측되어 화제가 되었지만, 그로부터 2개월 뒤엔 하늘의 강이라 불리는 은하의 먼지에서 방출되는 마이크로파의 영향일 것이라는 비판의 소리가 나오기 시작했고, 이윽고 '이번 관측결과는 빅뱅이론을 뒷받침하는 근거가 될 수 없다.'는 목소리까지 나왔다.

'잡지에 실렸다.'라는 일종의 권위를 무시한 채 스스로의 감성으로 생각해 보자면 역시 빅뱅이론이라는 것은 말도 안 되는 이론이라 '정말일까?'라고 의심을 하는 것이 당연하다. 책에 실렸기 때문에 혹은 대단한 사람(유명인)이 그렇게 말했기 때문에 믿는다는 건 스스로 사고할 기회를 뺏는 행위이다. 이런 자세로는 지식은 얻을 수 있을지 몰라도 지혜는 얻을 수 없다(또한 그 지식은 틀린 것일 수도 있다).

본질에 도달하기 위한 '…왜?'를 늘리자.

다시 한 번 아인슈타인의 말을 빌려보면 그는 상식에 대해 **'상식이란, 18세까지 몸에 배인 편견들이 모인 것이다.'** 라고 말한 바가 있다. 실로 과학자다운 발언이라 생각한다.

나는 대학에 갓 입학했을 때에 선배로부터 "가장 좋은 연구는 초등학교 교과서 내용을 바꿀 법한 연구야. 대학원생밖에 읽지 않는 연구, 전문서의 주역을 조금 변형시킨 그런 연구는 너무 지루하지 않아?" 라는 말을 들은 적이 있다. 초등학생의 교과서에 실릴만한 내용은 물론 상식이겠지만 자신은 연구자이기 때문에 거기서부터 의심해 보지 않으면 안 된다는 논리였다.

이렇게 말하면 '그건 그럴지도 모르지. 근데 난 연구자가 될 생각이 전혀 없다.'고 할지 모르겠다. 물론 대부분이 그럴 것이다. 하지만 우리가 공부하는 목적은 지식보다 지혜를 얻기 위해서라는 것을 절대로 잊지 말자.

항상 '…왜?'를 염두에 두면서 공부하는 자세는 **가장 빨리 본질에 다다를 수 있는 사고 방법이다.**

'…왜?'라는 궁금증에는 또 하나의 놀라운 효과가 숨어 있다.
그것은 바로 **능동적으로 공부**를 할 수 있게 해준다는 것이다. '…왜?'라고 생각한 것에 대해선 누구라도 대답을 알고 싶어 하기 마련이다. 인터넷, 혹은 책을 이용해서 아니면 주위에 물어서라도 말이다. 누가 시켜서 하는 공부는 수동적이고 억지로 하게 되어 자신의 재산이 되지 않는다. 그에 반해

자신이 알고 싶어 하는 걸 조사하는 행위는 전혀 힘이 들지 않는다.
물론 알아보는 과정(지혜)도 마찬가지다('능동적인 공부'에 대한 자세한 사항은 제4장을 참조할 것).

'…왜?'라고 생각하는 것은 긍정적인 효과를 불러일으킨다. 그렇지만 내 주변에 있는 많은 사람들은 공부는 '…왜?'를 최소화시키기 위한 것이라고 생각하는 경우가 많은 듯하다. 하지만 그것은 틀리다. '…왜?'가 늘지 않는 공부는 머리에 지식을 집어넣기 위한 단순 작업에 불과하다.

지금부터는 '…왜?'를 늘리는 공부를 해보자. 질문을 늘이게 되면 본질에 도달하는 공부를 하게 되고, 머지않아 공부 그 자체를 즐길 수 있게 될 것이다.

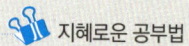 지혜로운 공부법

제 **2** 장

그렇다면 어떻게 생각해야 할까?

'숙고'를 권장

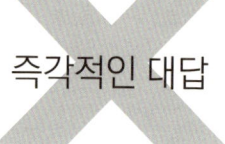 즉각적인 대답

고민하는 시간이
'뇌의 능력'을 기른다.

자이언츠 팀의 에이스였던 쿠와다 마스미는 원정 경기가 있던 날 밤 호텔에서 자다가도 누군가 잠을 깨워 "네가 선발한 오늘의 시합에서, 3회 말 2아웃 1루 때 4번째로 던진 볼은 뭐였어?"라고 뜬금없는 질문을 하면 "커브입니다."라고 항상 대답할 수 있었다고 한다. 당시의 코치였던 호리우치 츠네오가 말하길 항상 맞는 답을 하는 선수는 쿠와다 선수밖에 없었다고 한다. 쿠와다는 현역을 은퇴한 후 와세다 대학 대학원에서 스포츠과학 석사 학위를 취득했다. 현재는 도쿄대학 대학원 종합 문화 연구과에서 학업을 계속하고 있다하니 역시 스포츠계에서 으뜸가는 학구파라고 불릴 만하다.

하지만 아무리 똑똑하다 하더라도 선발 투수는 한 시합 당 100개가 넘는 공을 던지게 마련이다. 기억력이 아무리 좋다 하더라도 모든 볼을 다 기억하긴 어려울 것이다. 도대체 쿠와다의 기억력의 비결은 무엇일까?

감히 내가 추측해보자면 한 시합의 투구 전체가 쿠와다에게 있어서는 **하나의 스토리**로써 이뤄져있을 것이다. 포수가 보내는 신호대로 막연하게 볼을 던지는 것이 아니라, 볼을 던질 때의 상황이나, 과거의 시합에서 경험한 것들을 일일이 떠올렸기 때문에 모든 투구를 선명하게 기억할 수 있다. 이처럼 암기 대상에게 '스토리'를 부여함으로써 더욱 암기를 용이하게 하는 기술에 관해선 제4장에서 다시 자세하게 설명하겠다.

하지만 그뿐만이 아니다. '스토리'를 파악하는 능력 외에도 쿠와다에게는 특출한 무언가가 있을 것이다. 그것은 볼에 담긴 열정, **공 하나에 다음은 없다는 '일구이무'의 진지함**이다. 물론 프로기 때문에 모든 야구 선수가 비장한 각오를 갖고 시합에 출전할 것이다. 하지만 쿠와다에게 있어서 그 진지함은 남들의 갑절이상 강했을 것이다.

아버지가 수십 년 동안 기억해 온 '알 수 없었던' 문제

조금 이야기를 바꿔볼까 한다. 아버지가 도쿄대를 목표로 시험을 치렀을 때의 이야기다. 당시 아버지는 영어 시험에서 몰랐던 단어가 딱 하나 있었다 한다. 언젠가 '입시 시험 때 brand-new라는 단어의 의미를 몰라서 그게 너무 분했다.'고 말씀했는데 시험이 끝난 후 몇 십 년이 지난 오늘날까지 그 단어를 기억하고 있다는 것에 깜짝 놀랐다. 분명 아버지는 뜻을 모르는 단어가 있었다는 것에 대해서 계속 신경 쓰고 있었을 것이다. 바꿔 말하면 그 정도로 공부에 진지했다는 의미이다. '알고 있었다면 좋았을 걸⋯.' '합격하면 좋을 텐데⋯.'와 같은 미지근한 감정으로는 혹 모르는 문제가 있었다고 해도 금방 잊어버렸을 것이다.

공 하나에 담았었던 쿠와다의 **진지함** 혹은 하나의 문제에 담았던 아버지의 그 마음 상태도, **인생을 걸었다는 의미**에서 어쩌면 동등한 것이 아닐까 생각한다.

당신은 과거에 시험 혹은 문제집에서 풀지 못했던 문제를 아직까지 기억하고 있는가? 문제가 풀리지 않았기에 평생 잊지 못할 정도로 분하게 느낀 적이 있는가?

진지한 마음으로 문제에 응하자.

공부법에 관한 책 중에는 '모르는 문제는 즉시 해답을 참조할 것. 그리고 문제 푸는 법을 완벽히 숙지할 것.'이라고 적힌 것들이 간혹 있다. **언어도단이다. 원리도 모른 채 그저 통으로 암기하는 풀이 방법이다.** 이러한 방법은 교과서 문제와 비슷한 유형의 문제 말고는 전혀 도움이 되지 않는다. **고생하지 않고 얻은 것은 간단하게 나가는 법이다.**

새로운 유형의 문제를 학생들에게 내어주고 불과 몇 분 지나지 않아, "선생님, 이 문제 잘 모르겠어요."라고 손을 드는 학생이 있다. 그 학생은 단지 문제에 대한 답을 모를 뿐이다. 이해하려고 하지 않는다. 답을 몰라서 모른다고 해버리는 이유는 지식을 쌓는 것만이 공부라고 생각하고 있기 때문이다. 이런 학생들은 문제에 진지하게 응하려고 하지 않는다. 문제를 푸려고 하는 행위에 갖고 있는 지식을 대입시키는 작업만 하려고 한다. 나는 묻는다. "그래. 그렇다면 이 문제를 풀기 위해서는 무엇이 필요할까?" 원래 '해법'이라는 것은 남이 가르쳐주는 것이 아니라 **자신이 스스로 발견해야 하는 것**임을 알아줬으면 하는 마음이다.

물론 바로는 알아차리지 못 할 것이다. 학생들 모두 처음에는 아무 말도 하지 못한다. 시간 끌지 말고 빨리 가르쳐달라는 표정의 학생들도 있다. 하지만 **끈기를 갖고 이러한 과정을 반복하게 되면 학생들은 머지않아 해결의 실마리를 스스로 찾을 수 있을 것**이고 이는 소중한 경험이 된다.

물을 무서워하고 있는 한 아이가 있다. 자신은 절대로 헤엄을 칠 수 없을 거라고 생각하는 것이다. 하지만 자신도 헤엄을 칠 수 있다는 것을 깨닫고 나면 그 뒤론 물을 무서워 않게 되는 그런 과정과 상당히 닮아 있다. **자신에게도 해결 방법을 찾을 수 있는 능력이 있다고 깨닫게 되면**, 적어도 '모른다.'는 이유로 손을 들지는 않을 것이다.

자신의 힘으로 해결 방법을 찾지 못한 사람들은 단순하게 문제 풀이 방법을 몰라서 문제를 풀지 못한 거라고 생각해 단념해버린다. 하지만 단 한번이라도 스스로 문제를 풀 수 있게 된 사람은 그때의 쾌감을 떠올리게 되고 풀지 못하는 것을 분하게 느끼게 된다.

가장 중요한 것은 이 분하다고 생각하는 감정이다. 남이 가르쳐준 방법으로 문제가 풀려도 그렇게까지 기쁘지는 않을 것이다. 문제를 풀어도 기쁘지 않다는 것. 이것은 풀지 못해도 별로 분하지 않다는 뜻이다. 그렇게 되면 문제를 풀었던 시간은 아주 형식적이 되고 인상이 엷어진다. 그 결과 당연히 얻는 것은 적어지고 머리에도 남지 않게 된다.

반면, 문제가 풀리지 않는 것에 대해 분하게 생각하는 사람들은, 문제가 풀렸을 때 느낀 쾌락으로 공부에 대한 자극을 받게 된다. 문제에 대한 강한 인상을 받게 되는 것은 물론이고 뇌리에도 깊이 남게 되는 것이다. 그렇게 되면 **문제를 해결한다는 행위 자체에 대해 잊으려고 해도 있을 수 없는 지혜라는 것으로 변하게 된다.**

풀지 못한 문제에 대해 평생 잊을 수 없을 만큼 진지하게 문제와 대면한다면, 혹 문제를 풀지 못했다 하더라도 큰 지혜를 얻을 수 있게 될 것이다.

'두뇌 능력'을 향상시키기 위해 필요한 것

다시 한 번 스스로에게 질문해보자. 당신의 '공부'하는 목적은 무엇인가? 당장 눈앞에 닥친 자격증 시험, 승진시험에 합격하는 것도 물론 중요하긴 하다. 하지만 모처럼 귀중한 돈과 시간을 들여 공부하는 만큼 더 똑똑해지고 싶지 않은가? 지식만 가득한 사람보다 진정한 의미에서 똑똑한 사람, 지혜로운 사람이 되고 싶지 않은가?

그렇다면 사람은 어떨 때 똑똑해질까?

탄탄한 몸을 만들 때는 어떠한가. 탄탄한 몸은 근육에 꾸준히 부담을 주어 완성시킬 수 있다. 뇌도 이와 같은데, **뇌가 단련되는 것은 오직 뇌에게 '부담'을 줄 때 뿐이다.** 따라서 '자는 중에 머리가 좋아지면 좋을 텐데.', '힘들이지 않고 머리가 좋아지는 방법은 없을까?'라는 생각은 과감하게 버리자.(말도 안 되는 광고에 현혹되지 않도록!)

최근의 연구 결과에 따르면 수면 중 학습은 어느 정도 효과가 있다고 한다. 자기 전에 확실히 학습한 내용은 렘수면(Rapid Eye Movement Sleep)중에 스스로 반복하게 되어 기억의 정착률이 높아진다는 것이다. 하지만 자는 중에 '똑똑'해진다거나, 깨어 있을 때는 할 수 없었던 것을 할 수 있게 된다는 건 아니다.

그리고 많은 사람들이 오해하고 있는 또 하나의 사실이 있다. **무언가를 이해하려고 할 때나 문제를 해결하려고 할 때 외에도 뇌에 부담이 가는 경우가 있다는** 것이다.

앞서 '…왜?'의 중요성에 대해서 설명했는데 **두뇌 능력이 향상되는 건 '…왜?'라고 생각할 때이다.**

'이건 잘 모르겠다!'고 고민하고 있을 때야말로 바로 똑똑해질 기회인 것이다.

모르는 문제의 정답을 바로 확인 하는 것은 비탈길을 오르는 훈련에 참가하고 있는 사람들을 정상까지 차에 태워주는 행위와 다를 바 없다. 이 **훈련의 목적은 정상에 서는 것이 아니라, 이를 꽉 깨물고 언덕을 오르는 그 과정에 있다.** 산 정상까지 힘을 들이지 않고 올라갔다고 해도, 몸을 훈련시키는 데 있어서는 아무런 의미가 없다. 걷지 않았기 때문에 오히려 마이너스가 될 수도 있다.

'착한 악마' 와의 싸움

나는 고등학교 때 아버지의 영향을 받아 Z모임(증진회)의 통신교육을 수강한 적이 있다. 이 모임에 관해서는 이미 알고 있는 분도 있을지 모르겠다. Z모임의 통신교육에 대해서 설명하자면 처음에는 문제만 날라 오는 형식이다. 답은 없다. 2주 정도 후까지 답안 제출이 가능한데, 점수가 좋으면 추후에 발간되는 해답책자에 '모범 답안'으로 실리게 된다.

수험생들은 자신의 이름과 해답이 책자에 실리길 기대하며 문제를 푼다. 하지만 애석하게도 문제의 난이도는 상당히 높은 편이다. Z모임의 문제가 어렵다는 것은 이미 유명해서 좀처럼 해답란을 메울 수 없었기 때문에 수험생들 사이에서는 '착한 악마'라고 불렸다.

물론 나에게도 예외는 없었다(모르는 문제에 대해 진지해질 필요가 있다는 것은 아버지의 영향으로 이미 알고 있었다). 아무튼 나는 문제지가 받으면 약 2주 동안을 '착한 악마'와 고군분투했었다. 그 당시에는 '이렇게도, 저렇게도 아니야…'라는 고민을 매일 같이 하고 살았다.

책상 앞에 앉아있었던 시간 외에도 그랬다. 목욕을 할 때, 잘 때, 학교에 갈 때… 때와 장소를 가리지 않고 줄곧 생각을 거듭했다. 그럼에도 불구하고 해답은 거의 메우지 못했다. 그러다 딱 한번, 우연히 풀게 된 문제가 모범 답안에 실렸었는데, 그 때의 희열이란 말로 다 할 수 없다.

당시에는 장시간 고민해도 풀리지 않는 문제가 많았다. 그렇기 때문에 이 이상 고심하는 건 시간 낭비가 아닐까라는 생각도 했었는데, 지금 생각해 보면 **풀지 못했던 시간만큼 뇌에도 부담이 된 것 같다**. 그렇다. 내가 두뇌를 훈련시킬 수 있었던 것은 '답을 몰랐던' 시간이 충분하게 있었기 때문일 것이다.

'두뇌 능력'을 향상시키려면 뇌에 부담을 줘야 한다. 되도록 '모르는' 시간을 많이 갖도록 하자.

즉답 보다는 숙고하는 습관을!

"낙숫물이 돌을 뚫을 수 있는 건 물줄기가 거세기 때문이 아니라 계속해서 떨어지기 때문이다." 고대 로마에서 활약했던 시인이자 철학자 루크레티우스의 말이다.

정보화 시대인 요즘은 매사에 있어 빠른 처리가 중요시 되고 있다. 하지만 어릴 때부터 빠른 대답을 요구받는 요새 아이들은 사고력이 많이 부족하다. 물론 실제 우리 사회에서는 빠른 판단이 필요한 경우도 많다. 하지만 이 책에서는 '공부 방법'에 대해 다루고 있기 때문에 그 부분에 대해서는 언급하지 않겠다.

현대 사회에서는 틀에 박힌 사고법이 통용되지 않는다. 그렇기 때문에 **즉답보다는 충분히 생각하는 시간과 용기를 갖는 습관이 더욱 더 중요하다.**

목표를 세우는 법

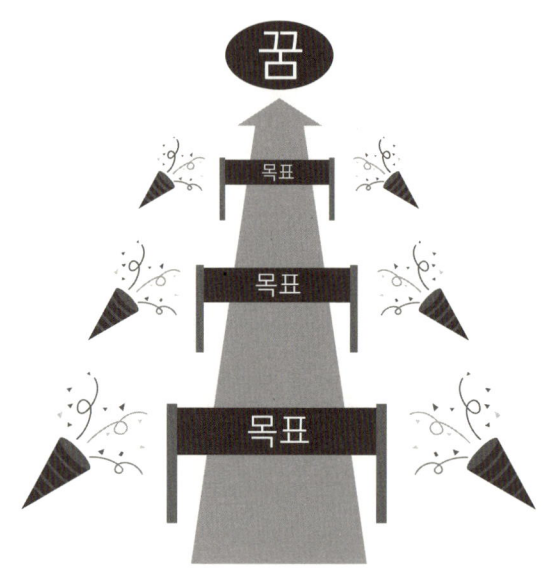

큰 목표(꿈)를 이루기 위한
작은 목표를 세우자.

"저는 음악가가 되어야 할까요?" 라는 질문을 받으면, "나는 아니다"라고 대답한다. 왜냐하면 그렇게 질문했기 때문이다. 그 질문에 관한 답은 '노'이다. 마치 선문답과 비슷하다. 음악가가 되는 것은 음악가가 되고 싶다고 바라는 그 사람 자신이니까 말이다.

20세기를 대표하는 지휘자이고 웨스트사이드스토리의 작곡가로서도 널리 알려진 레너드 번스타인의 말이다. 또한 그는 이렇게도 말했다.

"좋은 음악가가 되고 싶다고? 그러면 일단은 그렇게 생각되는 것부터 시작해. 왜냐하면 그것은 상당히 어려운 일이니까."

인간과 음악을 각별히 사랑하고, 만년에는 자신의 일생을 교육에 바친 번스타인. 그다운 멋진 말이다. 꿈을 이루기 위해서 무엇보다 필요한 것은 꿈에 대한 강렬한 열정이다. 번스타인의 말에는 꿈을 가진 사람을 응원하는 다정함마저 느껴진다. 단 이러한 말들은 10~20대 초 중반의 젊은이들에게 유효하다. 당신이 이보다 더 인생을 많이 경험한 '어른'이라면 '꿈을 이룰 수 있는 건 결국 재능이 있는 사람뿐이다.'는 생각을 할 수도 있다. 유감스럽게도 나도 이제 나이 지긋한 어른이 되었기에 '꿈은 반드시 이루어진다.' 고 장담하지는 못할 것 같다. 하지만 꿈 없이 목표를 이루는 것은 불가능하다.

목표를 세우는 이유와 원칙

도쿄대 입학을 위해 가장 필요한 것은 무엇이라고 생각하는가? 그것은 역시 '도쿄대에 들어가고 싶다!'는 강한 의지임에 틀림없다. '무슨 일이 일어나도 나는 도쿄대에 들어 갈 거야!' 라는 강한 의지와 열정만 있다면 길은 열리게 되어있다. 반대로 '도쿄대에 들어갈 수 있다면 좋을 텐데…' 정도의 미지근한 열정으로는 도쿄대에 들어가기 어렵다.

나는 **진심으로 꿈을 이루고 싶다는 '높은 이상'을 가지는 것. 그것 자체가 큰 재능이 된다고 생각한다.** 지나치게 낮은 목표밖에 세우지 못하는 건 동기 혹은 자신감이 부족하다는 증거다(자신감에 대해서는 재차 설명하겠다). 반대로 목표를 실현하기 위해 현실적인 노력을 하지 않는 사람, 즉 너무 높은 목표를 가진 사람은, 목표가 없는 사람과 결국 같은 나날을 보내게 되고, 이도 역시 '목표를 세우는 능력'이 부족하다고 할 수 있다.

그렇다면 현재 당신은 어떠한가? '공부하는 방법'에 관련된 책을 읽고 있다는 건, 지금보다 높은 수준에 도달하려는 목표가 있다는 것으로 보인다. 또 이러한 책을 읽는다는 것은 현실적인 노력도 하고 있다는 의미이며 당신이 가진 목표는 적어도 너무 높지는 않을 것이다. 다만, 당신이 설정한 목표가 너무 낮지 않는 지는 조금 걱정이다. 자신의 꿈에 대해 스스로 한계선을 긋고 있지는 않은가?

'내가 뭘 할 수 있겠어. 노력해도 안 될 거야.' 이런 생각은 그저 변명거리에 불과하다. 과거에 다소 실패했던 사례가 있다고 해서 목표를 하향 수정하거나 꿈을 포기하면 안 된다. 물론 그 중에는 '어차피 높은 목표를 세운다고해도 이루지도 못 할걸…' 이라고 생각하고 있는 사람도 있을 것이다. 문제없다. **목표라는 건 조금 어려워 보인다 하더라도 올바른 단계를 거치면 이룰 수 있는 확률이 상당히 높아진다.** 이 장의 후반부에는 목표를 이루기 위한 요령을 소개하겠다.

달리기를 완주하는 법

중학교 시절, 나는 야구부 소속이었다. 포지션은 포수. 어릴 때부터 야구를 너무 좋아한 탓에 훈련도 솔선수범해서 하고는 했다. 하지만 공을 사용하지 않는 연습, 그 중에서도 달리기 훈련은 좋아하지 않았는데 포지션이 포수라는 이유로 투수진들과 '오래 달리기' 훈련을 해야만 했다. 투수는 다른 포지션보다 체력이나 신체능력이 요구되는 포지션이라 오래 달리기 훈련이 필요하다. 그에 반해 (내가 알고 있기로는) 포수에게는 극단적인 하반신 단련 운동이 (아마도) 필요하지 않다. 포수가 투수들과 함께 달려야 하는 것은 아마도 팀워크 때문이 아닐까. 여담은 여기까지로 하고.

나에게 있어서 이 '달리는 훈련'은 정말 힘들었다. 감독님과 팀원들 앞이었기 때문에 훈련을 게을리 할 수도 없는 노릇이었다. 그래서 조금이라도 마음이 편해질 수 있도록 방법을 생각해 냈다. 내가 다니던 학교는 도쿄의 쿠단카(九段下)에 있었기 때문에 '달리기'코스는 언제나 천황궁이었다. 천황궁을 일주하면 약 5km정도, 학교까지 왕복거리는 1~2km정도로, 전부 합치면 6~7km정도 된다.

약 7km앞의 도착지점을 목표로 출발 지점에 서면, 눈앞이 까마득해지고 달릴 용기마저 없어진다. 그래서 나는 **그보다 조금 더 앞쪽에 있는 장소를 '목표'로 설정하기로 했다.** 처음에는 천황궁 옆의 무도관을 목표로 했다. 무도관에 도착하면 다음 목표는 다이칸쵸(代官町)에 있는 고속도로 입구. 그 뒤에는 대법원, 해상보안청, 니쥬바시(二重橋), 펠리스 호텔, 마이니치신문사 등 목표를 변경해나간다. 하나의 목표에서 다음 목표까지는 대략 1km정도이며 이 '목표'는 자신의 임의대로 설정한 것이기 때문에 목표 지점에 도착했다 하더라도 쉬면 안 된다.

하지만 인간이라는 존재는 목표를 달성한 순간, (설사 그것이 자신이 임의로 만든 목표에 지나지 않는다고 해도) 굉장한 희열감을 느끼게 된다. '좋아! 펠리스 호텔까지 왔어!'라고 기뻐하는 것이다. 그리고 이 **기쁨은 다음 목표에 대해 동기 부여가 된다.** 이어, 차례로 작은 목표들을 달성해가면 처음에는 지구 끝과 같았던(조금 과장해서) 도착지점, 즉 학교까지 갈 수 있게 된다.

여름 방학의 실패에서 배우는 '작은 목표'를 설정하는 법

 학창 시절의 여름 방학을 떠올려 보자. 방학 전에는, '이번 방학 때는 ○○를 배워야지!'라며 평소 못했던 것들을 중심으로 큰 목표를 세우지 않았었는가?

 방학 숙제를 끝내는 것 외에도 수학 문제집 한 권 다 풀기, 운동으로 복근 단련하기, 기타를 마스터하기 등등…. 하지만 큰 목표를 달성하기란 그렇게 쉬운 일이 아니다. 여름방학이 시작될 때 세웠던 목표를 방학이 끝날 때까지도 이루지 못했던 경험은 누구나 갖고 있을 것이다(물론 나도 있다!). 약 한달 반의 여름 방학. 결코 짧은 기간은 아니다. 큰 목표만을 바라보며 동기를 유지하는 건 상당한 정신력이 필요하다. '아직 시간이 많으니까.'라는 생각에 늦장을 부리게 되는 것은 물론, 너무 막연한 목표에 오늘은 무엇을 해야 하는지 구체적인 것들이 보이지 않을 때가 있다.

 이럴 때 필요한 것이 하나 있다. **'작은 목표'**를 설정하는 것이다. **큰 목표에서 역으로 계산해 작은 목표를 세운다. 그것이 '큰 목표'를 달성할 수 있는 요령이 된다.**

 여름방학이 40일 정도 있다고 치자. 그 동안 200페이지의 문제집 한 권을 다 끝내려고 한다. 40일 동안에 한 권을 끝내려면 일주일에 몇 페이지를 풀어야 할까 계산해보자. 200÷40=5니까, 하루에 5페이지, 일주일이면 35페이지이다. 그렇다. 여기서 '작은 목표'는 '일주일에 35페이지'가 되는 것이다.

1권에 200페이지... 이렇게 생각했을 때에는 막연했던 목표가 일주일에 35페이지라면 가능할 것 같지 않은가? 게다가 이 정도의 목표라면 오늘 무엇을 해야 할지 자기 자신도 잘 알 수 있다. 또한 작은 목표를 이루게 되면 일주일 단위로 성취감을 느낄 수 있게 되고 앞으로의 원동력으로도 이어질 것이다.

'하루에 5페이지를 작은 목표로 한다면 어떨까?'
이런 의문이 드는 사람도 있을 것이다. 하지만 너무 자잘한 '목표'는 권하고 싶지 않다. 달성 분량에 있어서 '융통성'이 없어지니까. 너무 어려운 문제가 5페이지 안에 있어서 3페이지 째에서 포기했다고 치자. 그러면 목표를 달성하지 못해 좌절감을 느끼게 된다. 하지만, '1주일에 35페이지'라는 목표가 있으면 '오늘은 달성 못했지만 어쩔 수 없어. 내일이나 그 다음날에 6페이지씩 하면 되지.'와 같이 긍정적인 생각을 가능하게 하는 여지를 만들어 준다.

운 좋게도 나는 이렇게 책을 집필할 기회도 있고, 일요일을 제외한 10:30~22:30의 시간대에는 항상 수업으로 가득 차 있다(최근에는 적어졌지만). 또, 지휘자로 활동을 하는 날도 있고 여러 곳에서 취재나 강연에 대한 의뢰도 많이 받는다. 이런 사정을 아는 주변 사람들은, '그래도 용케 책은 쓰실 시간이 있으신가 봐요?' '어떻게 하면 이렇게 글을 많이 쓰실 수 있으세요?'라며 놀라움을 감추지 못한다.

나는 그저 탈고 예정일에서 역으로 계산해 1주일 단위의 '작은 목표'를 세우고 실천할 뿐이다. 조금만 노력하면 끝낼 수 있는 '오늘 할 일'을 게을리 하지 않으면 된다. 전혀 무리가 되지 않는다. 실제 지금까지 보면 탈고가 예정 날짜보다 크게 늦어진 적도 없다.

큰 목표가 없으면 가야 할 길도 잃어버리기 쉽다. 이 세상에 태어난 것을 기회라고 생각하고 매일의 시간을 소중히 하자. 큰 목표는 밤하늘에 있어 정해진 장소에 항상 빛나고 있는 북극성과 같다. 소중히 하자. 그리고 작은 목표를 만들자. 그것을 달성해 스스로에게 동기를 부여하고 조금씩 전진해 나가자.

데카르트(방법서설中)는 **'어려움은 가능한 한 가장 작은 부분으로 나눠서 해결할 것'** 이라고 말했다. 언젠가 큰 목표를 꼭 달성하기 위해서도 '작은 목표'를 잘 활용하길 권장한다.

'작은 목표'는 적극적으로 수정을!

근면 성실한 사람들 중에 많은데, 한번 목표를 정하면 거기에 너무 집착한 나머지 시간이 지날수록 힘들어져 좌절해 버리는 경우가 있다. 물론 자신의 목표를 중요하게 여기고 목표를 달성하기 위해 열심히 하는 자세는 필요하다. 하지만 거기에 너무 얽매이게 되면 큰 목표는 이룰 수 없을 것이다. '작은 목표'는 단 기간에 그 성과와 달성 여부를 알 수 있는 것이 특징이다. 이 특징을 이용해 보자.

'35페이지를 일주일에 푸는 것은 좀….. 일단 응용문제는 접어두고 기본 문제만 모아서 풀어보자.', 또는, '아직 여유가 조금 있으니까 일주일에 40페이지를 풀어볼까.' 와 같이 수시로 수정해 나간다. 이렇게 하면 보다 적은 스트레스로 보다 효과적인 '작은 목표'를 세울 수 있을 것이다.

또 한 가지, 작은 목표로써 세운 달성 목표 되도록이면 보람을 느낄 수 있을 만한 것으로 한다. 다시 말하면, **시간 보다 내용으로 달성 목표를 세우는 것이다.** '문제집을 하루에 2시간 푸는 것'처럼 시간으로 목표를 세웠다고 치자. 시간으로 목표를 세우면 집중을 하든 말든 '2시간동안 책상 앞에 앉아 있는 것' 이 목표가 되어 버린다. 이렇게 되면 집중해서 열심히 하려는 생각 자체가 없어진다. 반대로 내용으로 목표를 세워 '하루에 5페이지씩 문제집을 풀어야지.'라고 목표도 세울 수 있다.

내용으로 목표를 세운다면, 열심히 하는 만큼 적은 시간 내에 끝낼 수 있고, 그 만큼 집중력이 좋아져 학습효과도 높아지게 된다.

'큰 목표'에 관해서는 한번 정하면 그것에 얽매일 필요가 없다. 반면, '작은 목표'에 관해서는 늘 '더 좋은 목표가 있진 않을까?'라는 궁리를 통해 더 좋은 쪽으로 적극적으로 수정해 나가는 자세가 중요하다.

자신감을 얻는 방법

자신의 힘으로 '성공한 경험'이
'하면 된다.'는
자신감을 만들어 낸다.

앞에서 '지나치게 낮은 목표밖에 세우지 못하는 건 동기 혹은 자신감이 부족하다는 증거'라고 앞서 말한 바 있다. 하지만 동기와 자신감은 '부족'하다고 해서 '그래 그럼 올려야지.'라고 고개를 끄덕이며 단시간에 올릴 수 있는 것들이 아니다. 강한 자신감을 가지려면 어떻게 해야 할까.

자기 효능감

캐나다의 심리학자 **알버트 반듀라**는 '외부의 일에 대해, 자신에도 뭔가를 할 수 있을 것 같은 감각'을 **자기 효능감**(self-efficacy)라고 칭하고, 이것의 유무로 목표를 크게 세울 수 있는지 없는지가 정해진다고 말했다. 반듀라에 의한 자기 효능감의 요인은 4가지로, 그것들은 다음과 같다.

1. **달성한 경험** (작은 성공 경험들을 쌓아간다.)
2. **대리경험** (타인의 성공을 간접경험으로 자기화한다.)
3. **언어적 설득** (타인이 자신은 잘 될 거라는 말로 설득.)
4. **생리적 정서적 각성** (기운과 분위기를 고양시킨다.)

(1)과 (4)는 자기 자신의 문제, (2)와 (3)은 그 사람의 환경에 좌우되는 요인이다. 참고로 내 경우, 아버지를 보며 자란 덕분에 자신도

모르게 (2)의 '대리 경험'을 쌓였다. 어머니는 조건 없이 나라는 존재를 인정해주었다. 그런 점에서 (3)에 대해서는 어머니의 영향이 크다. (4)는 자신의 기질이나 좋은 환경 등으로 동기가 부여되어 긍정적인 사고방식을 갖게 되는 것을 말하고 있다.

자기 효능감, 즉 '나는 하면 된다.'라는 자신감을 가지려면 물론 (2)~(4)도 중요하다. 하지만 반듀라에 의하면 그 중에서도 제일 중요한 것은 (1)'달성한 경험'이다. 사실 내가 수학교사의 길을 선택한 것도 ('자기 효능감'에 대해서는 무지했지만) **성공한 경험은 자신감을 높이는 데에 일조할 뿐만아니라 인생을 행복하게 보내는 데에 가장 중요하다**고 생각했기 때문이다.

최근에 이러한 일이 있었다.
올해 초, 학원에 등록한 어떤 고등학교 2학년 학생은, 6개월 전인 작년 여름방학이 끝날 즈음에 학교로부터 통지를 받았다. '이런 성적으로는 다음 학년으로 진급이 어렵다'는 것이었다. 가장 시급했던 것은 수학. 이대로는 안 되겠다고 생각했는지 계속해서 다니고 있던 학원의 수업 시간을 늘리고 열심히 공부했다고 한다. 하지만 노력에도 불구하고 수학 점수는 전혀 오르지 않았다. 학원에 등록할 때 이르러선
'이 세상에서 수학이 없어졌으면 좋겠다.'
'이제 뭘 해도 안 될 것 같다. 정말 아무 것도 모르겠어.'

'노력이 아무리 중요하다 하지만 노력해도 안 되는 것이 있는 거야.' 라는 생각이 들었고, 아무리 공부해도 늘지 않는 성적에 스스로 대한 자신감을 잃어버렸다고 한다.

처음 그 학생이 학원에서 공부를 시작했을 때에는 확실히 매 번 초조해해 하는 것이 보였다. 하지만 그가 대단한 점은 스스로를 절대로 포기하지 않았다는 것이었다. 내 설명에 대해 끈기를 갖고 열심히 들은 것은 물론, 한번 깨우친 것은 절대로 잊어버리지 않겠다는 의지가 보였다. 그 결과 3월의 학년말고사에서 그는 반 평균 이상의 성적을 얻었고 무사히 다음 학년으로 진급하게 되었다.

그에 대해서는 나도 줄곧 걱정하고 있었기에 그의 어머니에게서 진급이 되었다는 메시지를 받고 안도했다. 다음은 그의 어머니에게서 받은 메일의 일부 내용이다.

'학기말고사까지 얼마 남지 않는 기간 학원 수업을 통해 열심히 한 만큼의 시험 결과가 나온 것은 나가노 선생님의 덕분입니다. 저희 아들도 나가노 선생님은 지금까지 선생님들 중 처음 만나본 유형의 선생님이라고, 학원에 다니게 되어 정말로 다행이라고 말합니다. 늘 감정 표현이 없고, 무뚝뚝한 저희 아들이 어젯밤에는 할머니에게도 선생님 이야기를 했어요. 선생님과의 만남이 없었으면 진급을 한다는 건 상상할 수도 없었을 겁니다. 정말로 감사합니다.'

실제로 이 학생의 표정은 진급이 확정 후 확 바뀌게 되었다. 지금은 수험생으로써 자신의 꿈을 위해 열심히 노력중이다.

스스로 쟁취한 성공 경험은 자신감의 근원이 된다.

잘못된 방법으로 수학이라는 과목을 공부하게 되면 전혀 성과가 보이지 않는다. 그렇기 때문에 다른 과목들보다도 수학은 좌절하기 쉽다. 하지만 이것을 바꿔 말하면, 수학만큼 성공한 경험을 쌓기 쉬운 과목이 없다는 것이다.

여기까지 읽은 당신이라면, 벌써 눈치를 챘을 수도 있을 것 같다. 정리나 공식, 해결의 종류를 달달 외우는 것만이 수학의 공부방법이라고 믿어왔던 사람은 새로운 방식의 문제를 풀 수가 없다는 것을. 그런 '실패한 경험'이 쌓이게 되면 사람이라는 존재는 자신감은 온데간데없이 사라지고 '또 모르는 문제가 나오면 어떡하지…'라며 불안에 떨게 된다. 스스로 불안의 씨앗을 만들게 되는 것이다.

이에 반해 정리나 공식의 증명을 제대로 이해하고 해법에 다다르는 과정에 중심을 두는 본질적인 공부를 하면 점차 모르는 문제도 풀 수 있게 되는 힘을 기를 수 있다. 시험이나 연습 문제를 풀 때, **과거에 경험하지 못한 문제도 스스로 풀 수 있게 되는 것이다.** 그렇게 되면 모르는 문제에 직면해도 '분명 풀 수 있을 것'이라고 생각하게 되고 이것은 '자신감'으로 이어지게 된다.

물론 '성공한 경험'이 있다 해도, 남이 가르쳐줘서 해결 한 것이라면 큰 자신감으로 이어지지 못한다. **'이건 좀 어려운데.' 라고 생각되는 문제를 자신의 힘으로 해결 했을 때 비로소 자신감이라는 것이 생기게 되는 것이다.** 그 자신감은 다음 문제에 대한 용기를 얻게 해 주고 다음의 성공으로 계속해서 이어지게 된다.

이처럼 성공한 경험을 쌓아 나갈수록 **자신감은 점점 증폭**되지만, 자신감을 가지지 못하는 사람들은 문제와 대면할 용기조차 가지지 못하기에 성공한 경험을 좀처럼 쌓을 수 없게 된다. 또 그런 사람들은 매일 불안에 떨 것이다.

배움은 인생의 행복으로 이어진다.

내 경력을 본 대부분의 사람들은 '다양한 분야에 여러 도전을 하고 있는 사람'이라는 인상을 갖게 될 것이다. 하지만 사실 그 모든 분야에 대해서 전문가 수준은 아니기에 조금 부끄럽기도 하다. 나는 하나의 분야에 집중하며 살아온 전문가들에 대해서 진심으로 존경한다. 하지만 나는 그때그때 하고 싶었던 일에 주저함 없이 도전해

왔기 때문에 전혀 후회는 하지 않는다. 내가 이런 인생을 살 수 있었던 것은 그 어떠한 것에 대해서도 '안 될 것 같으니까 안 할래.'라고는 생각하지 않았기 때문이다.

도쿄대를 목표로 했을 때도, 우주연구소(현재의 JAXA)에 가려고 했을 때도, 지휘자를 목표로 했을 때도, 소믈리에 자격증을 따려고 했을 때도, 수학 학원을 차리려고 했을 때에도 나는 전혀 불안하지 않았다. 아버지가 가르쳐 준 공부법으로 성공 경험을 쌓고 자신감을 기를 수 있었기 때문이다. 나는 올해로 40살이 되었지만, 앞으로도 하고 싶은 일에 계속해서 도전을 할 것이다. 그게 무엇이 될 런지 생각만 해도 가슴이 두근거린다. 나는 내 제자들도 수학이라는 과목을 통해 진정한 의미의 성공 경험을 쌓고, 나아가 자신감을 얻게 되길 바란다.

나는 앞서 수학만큼 성공 경험을 쌓기 쉬운 과목도 없다고 말했다. 하지만 꼭 수학이 아니라고 하더라도 **'배우는 것'에 관련된 성공 경험은 자신감이 되는 법이다.** 단, 틀에 박힌 공부법이나 암기식 학습은 좋지 않다. 공부로 자신감을 얻기 위해서는 그 **과정을 생각해 '뇌의 능력'을 단련시키는 본질적인 공부 방법이 필요하다.**

그런 점에서 보면, 이 책에 적인 공부법은 최고가 되기 위한 방법임과 동시에, 행복한 인생을 보내기 위한 처방전이기도 하다.

편한 것보다
즐거운 것을 택하자

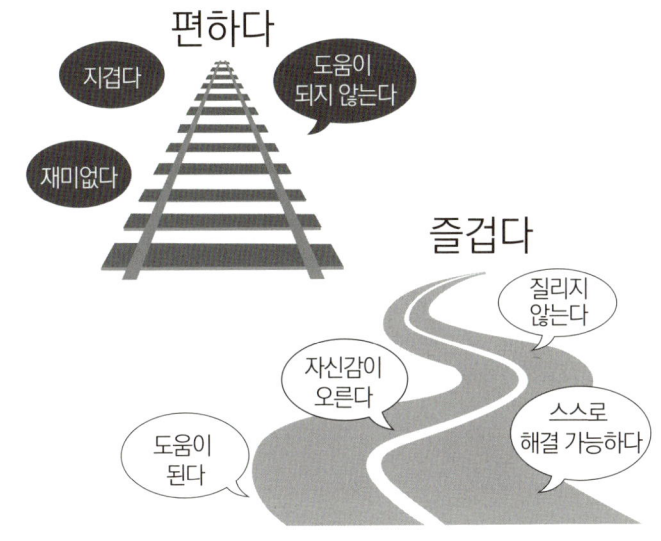

즐거운 쪽을 선택하면
자연스레 학습효과가 상승한다.

고등학교 2학년 가을이었다. 나는 3학년 때 들을 사회과 과목을 정하려 하고 있었다. 당시 이과 계열에 있었지만 국립대를 지망하고 있어 센터시험(수능)에서 칠 사회과 과목을 하나 골라야 했다. 후보 과목은 세계사, 일본사, 지리, 공민의 네 과목. 앞서 언급 한 바 있지만 내 형편없는 기억력도 걱정이었고, 사회 과목 외에도 해야 할 공부가 많았기에 조금이라도 공부하기 쉬운 (교과서 두께가 얇은) 과목을 고르고 싶었다. 고민하던 중, 아버지에게 조언을 구했다. 내 고민을 들은 아버지는 이렇게 말했다.

"네가 가장 재미있게 공부할 수 있는 과목은 뭐라고 생각하니? 공민은 좋아하니? 이과 계열의 학생에 있어서 사회 과목이란, 한 템포 쉬어가는 정도로 생각하면 될 것 같구나. 그 중에서도 네가 가장 즐겁게 공부 할 수 있는 걸로 하렴."

'그래, 그럼 그렇게 해야지.'라고 생각했다. 난 쓸데없는 고집은 부리지 않는다 (하하). 아버지의 조언을 들은 후 나는 의견을 바꾸게 되었고 결국엔 교과서가 가장 두꺼운 세계사를 선택하게 되었다.

당시 나는 대학에서 우주론을 배우고, 먼 훗날에는 NASA에 입사하고 싶다는 꿈이 있었다. '우리들은 어디에서 온 존재인가?', '우리들은 무엇인가?', '우리들은 어디로 향해 가는가?'와 같은, 사춘기라면 누구든 한번쯤 가져봤을 법한 질문들에 내 나름의 답을 하고 싶었기 때문이었다. 하지만 만약 우주론에 근거해 시간의 개념의 시작과 끝이 해명되었다고 치더라도 현재를 살아가는 우리들이 왜 이와 같은 사회에 살고 있는가? 그리고 우리들의 생활의 앞으로 어떻게 변해갈 것인가 와 같은 질문에 대해서는 답을 찾지 못 할 것이다. 당시 고등학생이었던 나는 '지구에 사는 인간'의 출생이나 목적지를 찾는 열쇠는 역사 속에서 찾을 수 있다고 생각하고 있었다. 그런 이유로 역사에 관해서도 우주만큼의 흥미를 갖고 있었고, 실제로 고고학자가 되고 싶었던 시기도 있었다.

그랬던 나였기에 세계사 공부는 전혀 힘들지 않았다. 암기 과목에 관해서는 자신이 없었기 때문에 센터시험(수능)에서도 매우 좋은 성적은 얻지 못했지만, 그래도 다른 과목들의 평균점을 깎을 정도는 아니었다. 무엇보다 다행이었던 건, 평소 흥미가 있었던 세계사를 선택한 탓에 세계사 공부 시간이 아버지의 말대로 휴식 시간 같은 존재가 되었다는 것이다. 만약 (별로 흥미가 없었던) 공민을 선택했었다고 생각해보면 다른 과목의 공부 때문에 숨이 막혀있는 상태에다, 의무적으로 해야 할 공부가 추가되어 배로 힘들었을 것은 말할 필요도 없다.

편한 쪽을 선택하면 지루한데다 얻는 것도 적다.

흔히 '물은 낮은 곳으로 흐르고, 사람은 쉬운 곳으로 흘러간다.'라고 말한다.

물론 우리들은 무심코 편한 것, 간단한 것을 선택하려고 하는 본능적인 습성이 있다. 끝없이 늘어져 있는 계단 옆에 편리한 에스컬레이터가 설치되어 있다면 보통은 에스컬레이터를 이용할 것이다. 에스컬레이터가 설치되어 있음에도 계단을 이용하는 사람은 아마 건강을 위해 다이어트를 하고 있는 사람이 아닐까? 물론 편한 것은 에스컬레이터를 사용 하는 것이다. 하지만 움직일 시간이 좀처럼 없는 직장인들은 운동을 위해 일부러 계단을 택하기도 한다. 에스컬레이터라는 **편한 선택으로 얻을 수 있는 것은 결코 많지 않을 것**이다.

그런데 **편한 것은 대부분 지루하다.**
지금부터 한 달 동안, 산수 공부를 해야 한다고 하자. 당신은 A코스와 B코스 중 하나를 고를 수 있다. A코스는 '중학교 모의 고사코스'이고, B는 '저학년을 위한 반복 연습 코스'이다. 당신은 어느 쪽을 고를 것인가?

A코스의 문제집에는 전동차 내의 광고에 실릴 만한 유명사립학교의 각종 문제들이 실려 있다. 어른들도 손쉽게 풀 수 없을 정도의 문

제들이다. 반면, B코스의 문제는 '3+5'와 같은 덧셈 수준에서 어려워 봤자 '12×4' 정도의 곱셈 수준의 문제들로 구성되어 있다.

물론 편한 것은 B코스이다. 하지만 B를 선택하는 사람들은 별로 없을 것이다. 너무 간단하기 때문이다. 이렇게 쉬운 문제를 한 달씩이나 풀어야 하다니, 너무 **간단한 탓에 금방 질려버릴 것**이 틀림없다. 문제를 푸는 시간은 고통스러울 것이다. 게다가 한 달 동안 B코스를 열심히 푼다고 해도 결코 당신에겐 도움이 되지 않을 것이다.

그에 반해, A코스는 풀리는 문제도 있고 풀리지 않는 문제도 있을 수 있다. 문제가 술술 풀릴 때엔 성취감을 느낄 수 있을 것이고, 풀지 못했다 하더라도 답을 확인한 후엔 '아 그렇구나!' 라며 무릎을 탁 칠만한 발견도 있어 **즐거운 한 달을 보낼 것이다**(물론 개개인의 산수 수준에 따라서 다르지만). 어쩌면 2시간 이상 하고 싶은 날도 있을 것이다. 즉, 한 달 동안 A코스를 푼 사람은 문제 해결에 필요한 여러 가지 사고방식에 익숙해진다. 그에 따라 어느 정도는 산수 능력(수학 능력)을 향상시킬 수 있을 것이다.

조금 예가 극단적이긴 하지만, **'편한 것을 택하지 않는'** 자세는 공부에 있어서 아주 중요하다. 나는 지금까지 '뇌의 능력'을 단련시키기 위해서는 뇌에 부담을 줄 필요가 있다고 말해 왔다. 그런가 하면 '이건 조금 어려운데!'라고 판단한 문제에 대해서는 스스로 해결하려고 노력해야하고, 문제를 스스로 해결한 성공 경험이 자신감을 낳게 한다고 것이라 거듭 강조해 왔다. 하지만 그 무엇도 편한 걸 선택한다면 결코 이룰 수 없는 것들이다.

내가 다니던 초등학교의 교문에는 **'곤란함과 부족함을 뛰어 넘어 스스로를 단련시키려 적극적으로 노력하는 소년 이외에는 이 문을 지나지 말라'**는 문구가 적혀 있다.

이 말의 의미를 처음 알고는 뭔가 무시무시하다고 느꼈다. 또 19세기에 만들어진 학교답게 뭔가 고지식하면서도 오래된 격언이라고 생각했다. 하지만 지금에 와서는 이 말에 담겨진 의미를 잘 알 수 있을 것 같다. 앞으로 계속 성장해 나갈 젊은이들에게 있어 편한 길을 고른다는 선택은 전혀 도움이 되지 않기 때문이다.

문제집 고르는 법

직업이 교사인 만큼, 나는 다양한 수준의 학생들에게 여러 종류의 문제를 내고 그 효과를 시험해 본다. 그 때 가장 주의하는 것이 있는데 그건 바로 학생들 입장에서 **너무 쉽지 않은 적당한 난이도의 문제를 준비하는 것이다.** 교과서를 복습하면 바로 알만한 문제(단지 숫자를 바꾼 것 불과한)에 관해서는 될 수 있는 한 가장 빠른 시일 내에 끝내게 한다. 이런 문제들은 익숙해지면 질리기 쉽기 때문이다. 또,

매 번 같은 방식으로 문제를 풀게 되면 이런 기계적인 작업에 학습 효과까지 떨어지기 마련이다.

하지만 그렇다고 해서 학생들이 손도 댈 수 없을 정도로 어려운 문제들만 내게 되면 학생들에게 '실패한 경험'을 주게 되고 공부 의지를 꺾게 되기 때문에 주의할 필요가 있다. **눈 감고도 풀 수 있을 정도로 쉽진 않지만 손도 못 댈 정도로 어렵지도 않은, 적당한 수준의 문제**를 준비하려 항상 노력한다.

이 책을 보고 있는 당신도 분명히 공부를 할 때에는 문제집을 풀 것이다. 문제집을 고를 때의 기준은 **'60%정도는 풀 수 있어 보이는 책'**을 고르는 것이다. 언뜻 보았을 때 70%, 80% 정도 풀 수 있을 것 같으면 물론 풀기엔 편하겠지만 너무 쉬울 것이다. 금방 지겨워지는 것은 물론, 얻을 수 있는 것도 많지 않다. 그렇다고 40%이상 풀 수 없을 것 같은 문제집을 고르면, 얻는 보람과 즐거움보다도 어려움에 대한 부정적인 감정으로 인해 공부 의욕이 낮아질 것이다.

실제로 문제집을 훑어보는 것으로 그 문제집 수준을 가늠하는 것은 그리 쉬운 일이 아니다. 하지만 서점에서 문제집을 집어 들었을 때 **'이 정도면 꽤 푸는 재미가 있겠는데~'**라고 생각이 들면 대체적으로 적당한 수준이다. '이 정도면 눈 감고도 풀 수 있겠어.' '뭐지, 이건 너무 어려운데!'라는 느낌이 든다면 그 문제집은 사지 않는 편이 좋다.

공부는 힘든 것?

독서에 관해서 나츠메 소세키가 언급한 말이 있다. 나가츠카 타카시의 소설 '흙'의 서문에 적혀있는 문장인데 잠깐 인용해 보겠다.

'나는 특히 환락을 통경하는 젊은 남녀가 읽기 어려운 것을 참고 이 흙을 읽어주기를 바란다. 내 아이가 청년이 되어 음악회나 극장에 흥미를 가질 나이가 되면, 나는 이 흙을 꼭 한번 읽게 하고 싶다. 물론 내 아이는 읽고 싶지 않아할 것이다. 흥미로운 연애 소설과 같은 책과 바꿔 달라고 할 것이다. 하지만 나는 그 때가 되면 아이에게, **"재미있기 때문에 읽으라는 것이 아니야. 읽기 어려우니까 읽으라는 것이란다."** 라고 거듭 설득 할 것이다. 앞으로의 인생에 참고가 될 테니까. 세상의 이치를 알게 될 테니까. 그러한 것들을 알아둠으로 자신의 인격 위에 어둡고 큰 그늘을 반사시키기 위함이니까, 힘들어도 참고 읽어 주길 바랄 것이다. 아무 것도 생각하지 않고 건강하게 성장한 청년들이 갖게 될 보리심이나 종교심은 그 모두가 어두운 그늘의 안쪽에서 비추는 것이라고 나는 굳게 믿고 있기 때문이다.'

실로 멋진 문장이다. '재미있으니까 읽는 것이 아니다. 읽기 어려우니까 읽는 것이다.'라는 부분이 특히 마음에 와 닿는다. '힘들다'는 것은 즉 '쉽지 않다'는 의미와 일맥상통한다. 그렇기 때문에 **독서**

를 통해 무언가를 배우려고 할 때에도 편한 쪽으로 치우치지 않도록 항상 의식해야 한다는 의미이다.

하지만 대부분의 사람들은 이런 나츠메 소세키의 명언에 대해 '역시! 공부라는 것은 본래 힘든 거니까…(공부 따위 싫어).'라고 느낄지도 모른다.

사실 소세키도 즐거움으로 인한 독서를 부정하고 있지는 않다. 일단 독서가 재미있어지려면 흥미를 유발시키는 책을 발견해야 한다. 소세키는 독서 습관을 몸에 익히기까지는 즐거움으로 인한 독서를 즐긴다 하더라도, 더 많은 것을 얻기 위해서는 '어려우니까 읽는' 습관을 익힐 필요가 있다고 말하고 있다.

하지만 아직 공부의 즐거움을 모르는 사람들에게 무턱대고 '어려움을 극복하고 읽는 게 좋은 거야!'라는 건 너무 잔인한 일이다. 마조히스트 성향이 있다면 혹시 모르겠지만 어려운 공부 내용에 관해서는 좀처럼 의욕이 생기지 않는 법이다. 나는 (당신이 공부의 즐거움을 모른다면 더더욱) 이렇게 조언을 하고 싶다.

'편한 쪽보다 즐거운 쪽을 선택하자!'

고민된다면 '즐거운 쪽'을 고르자.

이 말은 공부에만 해당되는 것이 아니다. '좋아하게 되면 곧 잘하게 된다.'는 말처럼 뭐든지 즐기면서 하면 금세 실력이 늘게 된다. 공부를 즐기는 것. 그것보다 좋은 것은 없을 것이다. 대체 어떻게 하면 공부가 좋아질 수 있을까? 달달 외우는 통째로 암기법으로 공부가 좋아질 수 있을까? 어떻게 생각하면 통째로 암기하는 것은 매우 간단할 수 있다. 하지만 결코 즐겁지는 않다. 몇 번이나 말해왔지만 간단하고 쉬운 방법은 자신에게 도움도 되지 않을 뿐더러 굉장히 지루하다. **공부에 있어서는 그렇다. 항상 즐거운 쪽을 택하는 사람은 공부를 좋아하게 될 수밖에 없다. 공부는 과정을 고찰하고 모르는 문제를 스스로 생각 할 때에 그 즐거움을 처음으로 맛볼 수 있는 것이다.**

공부에는 항상 '선택' 이 따른다.

문제집을 살 때 → 간단한 쪽을 살 것인가? 조금 어려운 쪽을 고를 것인가?

모르는 문제가 있을 때 → 바로 해답을 확인 할 것인가? 시간을 두고 생각해볼 것인가?

새로운 지식을 얻었을 때 → 통째로 결과를 암기할 것인가? 과정을 유추해 볼 것인가?

자신의 능력을 시험해보고 싶은 때 → 앞서 풀었던 문제를 반복해서 풀 것인가? 새로운 문제에 도전 할 것인가?

 다음에 공부 할 과목을 정할 때 → 자신 없는 과목을 먼저 풀 것인가? 자신 있는 과목을 먼저 풀 것인가?

 등등. 이럴 때는 일단 **편한 쪽**(or 간단해 보이는 쪽)**이 아닌, 재미있는 쪽**(or 즐거워 보이는 쪽)**을 고르자!** 학습 효과가 더욱 더 높아지는 효과가 있을 것이다.

지혜로운 공부법

제 **3** 장

숨겨진 비법
'개념 공부법'

개념 공부법
(문제에 접근하는 법)

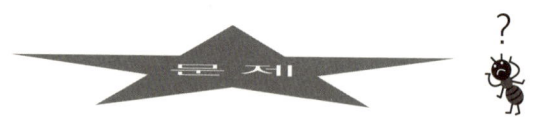

멀리서 대상을 내려다보면
해결의 실마리가 보인다.

어릴 때 아버지와 함께 목욕을 할 때면 언제나 물었다.

"**오늘은 어떤 책을 읽었니?**"라고. 나는 그 당시 하루에 2시간 이상 책을 읽는 습관이 있었기에 얼마든지 이야깃거리는 갖고 있었다.

하지만 이유는 모르겠지만 막상 말로 하려고 하면 책 내용이 머릿속에서 정리되지 않아서 버벅거렸다. 더듬거리며 말로 하면 아버지는 그렇구나 하며 천천히 들어 줬지만, 나는 읽은 책의 흥미로움이 제대로 전달되지 않은 것 같아 어쩐지 찝찝한 마음이 들곤 했다. 그런 경험이 쌓이다 보니 책을 읽을 때마다 '이 부분은 어떻게 전달하지?'라는 궁리를 하게 되었다. **독서와 동시에, 읽은 부분을 요약하는 방법에 대해서도 생각**하게 된 것이다.

아버지의 의도는 아직까지 모르겠다(그냥 심심해서였는지도 모른다). 하지만 아버지에게 매일 밤 줄거리를 설명해야 했기에, 대상을 멀리서 내려다보고 생각하는 능력, 즉, **대상을 추상화시키는 능력을 기를 수 있었다**고 생각한다.

문제가 풀리지 않을수록 몰입해 버리기 마련이다.

어떤 수를 써도 자기 전에는 전혀 풀리지 않았던 문제가, 다음날 아침이 되자 간단히 풀렸던 그런 경험은 없는가? 밤늦게까지 이어진 회의에도 좀처럼 떠오르지 않았던 아이디어가, 다음 날 갑자기 떠올랐던 경험은? 나는 많이 있다.

학생들을 보고 있을 때에도 자주 드는 생각이지만, 하나의 문제를 계속해서 잡고 있으면(물론 생각한다는 것은 좋은 일이지만) 문제를 보는 시야가 좁아져 결국 근시안적인 발상밖에 하지 못한다. 소위 말하는 진흙탕 상태가 되어 문제를 전혀 풀 수 없게 된다.

그에 반해, 자기 전에 한번 본 문제에 대해서는 다음 날 다시 문제와의 거리가 생겨난다. 아침에 문득 해결의 실마리가 떠오르는 것은, 전날 시행착오를 거듭하며 생각했던 시간들이 토대가 되어 더 큰 차원에서 문제를 다룰 수 있게 해주기 때문이다.

문제에 진지하게 응하고 고찰해 나가는 것은 두뇌에 부담을 준다는 점에서 대단히 중요하다. 하지만 문제를 해결하고 기분 좋게 잠자리에 들기 위해서는 의식적으로 문제와 거리를 둘 필요가 있다.

문제해결의 첫걸음은 문제와 거리를 두고 생각하기

처음 문제를 풀 때 가장 필요한 것은 무엇일까? 그것은 바로 **문제를 대상화하는 것**이다.

'당연한 것 아닌가?'라고 말할 수도 있다.

하지만 당연하다고 말하는 사람들은 대부분, 실제로 문제가 주어지면 즉각적으로 풀려 할 것이다. 과거에 비슷한 문제를 푼 경험이 있다면 또 모르겠지만 전혀 새로운 유형의 문제임에도 불구하고 이러한 자세를 취한다는 건 한치 앞이 보이지 않는 상황에서 손을 뻗는 것과 같다.

대상화라는 것을 간단하게 설명하면 상대를 보는 것이다. 당연한 말이지만 **상대를 보기 위해서는 거리가 필요한 법**이다. 그 단적인 예로, 자신의 얼굴은 볼 수 없는데 그건 자기 자신과의 사이에 거리가 없기 때문이다. 하지만 거울을 사용하게 되면 거리가 생겨나게 되고 자신의 얼굴도 대상화되어 볼 수 있게 된다.

근시안적으로 문제에 몰입했을 때의 문제점은 바로 그것이다. 거리가 부족해 초점이 맞지 않게 된다. 초점을 맞추기에 실패한 사진과 같이 대상이 뿌옇게 보인다. 이럴 때 필요한 것은 **충분한 거리를 두고 대상을 위에서 지긋이 내려다보는 것**. 대상과 거리를 두고 고찰하는 것. 그것이야 말로 문제해결의 첫걸음이라고 말해도 과언이 아니다.

문제를 멀리서 보기 위해 대상을 추상화하자.

거리를 두고 문제를 고찰하기 위해서는 어떻게 해야 할까? **'말로 설명할 수 있게 하는 것'**이 가장 간단한 방법일 것이다.

이야기의 줄거리를 떠올릴 때와 마찬가지다.
예를 들어 모모타로(역주: 일본 전래동화)의 줄거리를 떠올릴 때, 줄거리의 세부 내용과 거리를 두고 전체를 볼 필요성이 있다. 원숭이와 꿩이 준 떡의 개수는 아무런 상관이 없다. 그런 세부사항들보다도 전체로써 무엇을 전달하고 싶은지 그 줄거리를 먼저 생각해야 하는 것이다.

문제와 대면할 때도 마찬가지다. 문제 내용을 자신만이 알 수 있게 '번역' 하려고 하면 자신과 **대상과의 거리가 생겨나게 되고 문제의 '의미'에 대해 생각할 수 있게 된다.** 결론적으로 뇌의 이런 움직임은 먼 곳에서 문제를 관찰 할 수 있게 해준다.

나는 수학실력의 원천이 되는 건 국어 실력이라고 항상 주장한다. 수학도 마찬가지다. 문제를 대상화하기 위해서는 말이 필요한데, 이 때 사용하는 언어가 형편없다면 고차원적인 고찰은 불가능할 것이다. 실제로 지금까지 만난 내가 알고 있는 저명한 선배 과학자들은 모두가 국어 실력이 출중했다.

주옥같은 명언을 남겼던 아인슈타인. 그를 포함한 저명한 과학자들은 원래는 굉장히 어려운 것들에 관해서도 평이한 언어들을 사용해 중학생도 알 수 있을 정도로 쉽게 설명을 할 수 있다.

대상의 본질을 언어화시키는 능력은, 바꿔 말하면 모든 것을 추상화시키는 능력이라 할 수 있다. 이 중에는 '추상화…? 잘 모르겠다.…'며 머리를 갸우뚱거리는 사람들도 있을 것이다. '추상화' 능력을 갈고 닦기 위해서는, 몇 개의 구체적인 예에서 공통되는 성질을 뽑아내는 연습을 하는 것이 좋다.

예를 들면 '2, 4, 6, 8, 10…' 와 같이 연속되는 숫자에 공통되는 성질을 '2로 나눠지는 숫자'라고 표현하는 것. 이것은 추상화이다. 혹은 문자를 사용해 '$2n$(n은 정수)'라고 나타내는 것도 가능하다. 숫자에서 짝수를 '$2n$'라고 나타내는 것은, 숫자는 항상 모든 것에 있어서 본질을 추상화시키려하기 때문이다. 그 때문에 숫자를 배우는 것은 추상화하는 능력을 향상시키는 것과 직접적인 관련이 있다. 숫자 공부는 중요하니까 열심히 하세요…!라고 적고 끝내는 것은 이 책의 독자 분들에게 실례가 되니, (추상화 연습도 포함해서) 대상을 멀리서 내려다보며 고찰할 수 있는 힘을 기를 수 있는 문제를 몇 개 준비해 보았다. 편한 마음으로 한번 풀어보자.

대상과 거리를 두고 생각하는 훈련

첫 번째 문제

> 다음 1~3의 각각의 그룹 중 관련이 없는 것을 하나씩 고르고
> 그 이유를 말해보자.
> 1. a : 식목일   b : 한식   c : 어린이 날   d : 추석
> 2. a : 원숭이   b : 사슴   c : 펭귄   d : 말
> 3. a : 심벌즈   b : 클라리넷   c : 리코더   d : 나팔

정답

> 1. d : 추석 (이유) 추석은 가을의 행사, 나머지는 봄의 행사.
> 2. c : 펭귄 (이유) 펭귄은 알을 가지는 동물. 나머지는 새끼를 가지는 동물.
> 3. a : 심벌즈 (이유) 심벌즈는 타악기. 나머지는 관악기.

어떠한가? 왠지 모르게 초등학생이 풀어야 할 것 같은 느낌이 들 것이다. 이 문제에 있어서 정답을 맞히기 위해서는 나머지 3개에 공통되는 성질을 알아내야 한다. 아까 말한 것과 같이, 이 공통 성질을 언어화 시킬 때에 비로소 추상화될 수 있다. 예를 들면 1의 경우, '식목일', '한식', '어린이 날' 이 3개에 공통된 성질을 '봄에 일어나

는 행사'라고 추상화시킴으로써 '추석'만 성질이 다르다는 것을 알수 있게 된다.

이 원리를 꼭 한번 일상생활에 적용해 보자. 또 자신의 주변에 있는 여러 가지 현상에 대해서 고찰하고 성질이 다른 '무언가'를 찾는 연습을 해보자.

'뭔가 다른 것은 없을까?' 라고 생각하는 습관은 공통점을 추상화시키는 훈련으로 이어진다.

추상화 능력을 기르는 것은 대상을 멀리서 고찰하는 감각을 몸에 익히기 위함이지만, 다음과 같은 과제는 아까의 '다른 성질을 가진 것 찾기' 문제에서 익혔던 언어화(추상화)와 또 다른 관점에서 대상을 보는 능력이 필요하다.

두 번째 문제

다음 도형 중에서 나머지와 성질이 다른 것을 하나 고르시오.

정답

제일 밑의 중간. (이유) 하나 밖에 없기 때문에. 다른 도형은 두 개씩 있다.

 이런 유형의 문제는 IQ테스트에서 자주 출제되곤 한다. 이런 문제도 근시안적인 관점에서 각각의 도형을 보게 되면 정답을 맞히기 어려울 것이다. 전체를 보는 관점, 즉, 멀리서 문제를 내려다 볼 수 있는 능력이 필요하다.

세 번째 문제

오늘 하루, 당신이 배운 것을 노트 한 페이지로 요약해 보라.

정답

당신은 오늘 무엇을 배웠는가?
공부 내용에 대해 새로 얻은 지식과 발상은 어떤 것인가?
오늘 본 뉴스나 친구, 동료들과의 대화에서 뭔가의 '발견'은 없었는가?
무엇이든 상관없다.

'공부가 되었다고' 생각한 것의 '개념'를 다시 한 번 노트에 요약해보자.

노트기술 법에 대해서는 다시 자세하게 살펴보도록 하겠지만, 오늘 학습한 것에 대해 자신만의 언어로 바꾸어 요약한다면 그 내용을 선명하게 기억할 수 있을 것이다. 가끔은 확실하게 알고 있다고 생각했던 것들도 몰랐던 부분이 표면화 되곤 한다.

문제를 풀 때에는 한 문제에 몰두 하지 않고 멀리서 문제를 내려다보는 것이 중요하다. 그리고 이런 능력은 문제를 풀 때는 물론,

'문제3'처럼 배운 내용을 복습할 때에도 매우 유용하게 쓰인다.

'문제와 거리를 두고 관찰하는 것'을 도입한 공부법. 이것을 **'개념 공부법'**이라고 한다면, 지금부터는 '문제집의 사용법'과 '복습 하는 법'에 대해 자세히 살펴보도록 하자.

개념 공부법
(문제집 사용법)

《 올바른 문제집 사용법 》

문제를 푼다.

풀리지 않는다.

해답을 읽는다.

문제 해결의 핵심을 고찰한다.
(모르는 문제에 응용시킬 수 있다)

핵심을 추상화시킨다.
(모르는 문제에 응용시킬 수 있다)

먼 거리에서 해답을 생각해보고, 해답의 핵심을 추상화시킬 경우, 모르는 문제에도 응용할 수 있다.

대상을 먼 곳에서 고찰한다. 대상의 본질을 파악하고 추상화시키는 능력은 문제를 풀 때만 활용할 수 있는 게 아니다. 문제의 해답지를 볼 때에도 활용할 수 있다.

당신은 보통 어떠한 방식으로 문제집을 푸는가? 문제집을 많이 풀어도 좀처럼 실력이 늘지 않아 고민하고 있지는 않는가?

나가노 수학학원에 등록을 원하는 대부분의 학생들은 (단도직입적이라 미안하지만) '열등생'이라 불리는 학생들이다. 그런 학생들을 처음 상담하게 될 때에, "넌 항상 어떤 식으로 공부하니?"라고 묻게 되는데, 대부분의 학생들은 학교에서 나눠준 문제집을 보여주며 "이 문제집을 계속 반복해서 풀고 있어요."라고 대답한다.

낡은 문제집의 번호 옆에는 '正'자 형태로 2~3개의 작대기가 그어져있다. 학생은 이어서 '전에 친 중간고사 때는 이 걸 세 번이나 반복했는데도 전혀 성적이 오르지 않았어요. 이번에는 네 번씩 풀까봐요…' 라고 말하는 게 아닌가.

조금 잔혹한 말이지만, 이 학생은 같은 방법으로 네 번이든 열 번이든 풀어 봤자 아마 똑같은 성적에서 맴돌 것이다. 능력 문제가 아니다. 문제집을 활용하는 방법을 모르기 때문이다. 덧붙인다면, 문제집을 풀며 어떤 문제가 풀리지 않았을 때의 해답을 멀리서 고찰하는 능력, 추상화시키는 능력이 부족하기 때문에 문제를 반복해서 푼다 하더라도 헛된 노력이 되는 것이다. 문제 풀이에 있어 좀처럼 성적이 오르지 않는 학생들이 자주 하는 공부 방법이 있다. 조금 있다가 다시 살펴보겠다. 자신의 경우는 어떠한지 생각하며 독자들도 집중해 읽어 주었으면 한다.

정말 미안한 말이지만 아까 소개한 학생의 공부법으로는 성적을 올리기 어렵다. 계속해서 ① ~ ⑥의 과정을 되풀이해도 **'왜 자신은 안 되는가?'**라는 생각을 떠올리지 못하기 때문이다. 자신이 풀 수 없었던 이유, 즉, 자신에게 부족한 것은 무엇인지 알지 못한다면, 그 다음 문제에 있어서도 풀지 못할 것은 마찬가지 것이다.

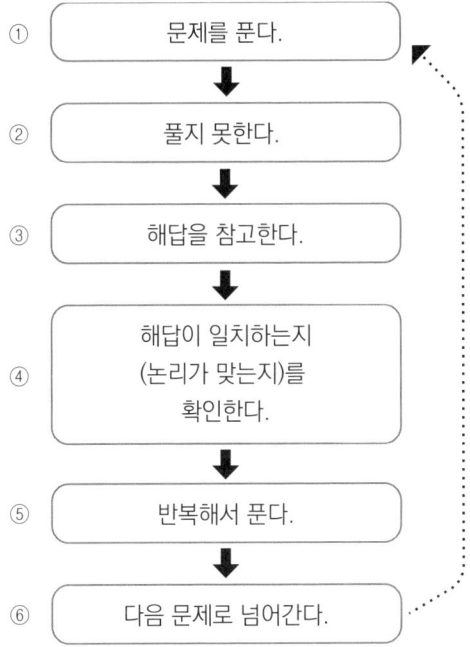

시험에 출제되지 않는 문제로 시험에 대비하자.

문제를 풀지 못했다. 해답을 보며 다시 한 번 풀어 본다. 뭔지 몰라도 조금은 더 똑똑해진 것 같은 느낌과 함께 근거 없는 자신감이 생긴다. 하지만 그 문제를 풀 수 있는 것은 해답지를 본 직후기 때문에 당연하다. 만약 당신이 가진 문제집이, 자격증 시험이나 대학 입학시험의 과거 문제라고 치자. 그런 경우엔 당신이 풀지 못했던 문제들은 '다음 시험에는 절대로 나오지 않는다는 것'을 이미 알고 있다(같은 문제를 반복해서 내는 시험이 아니라고 한다면). 그렇다면 문제집에 있는 문제를 푸는 것으로 만족하면 안 된다. 중요한 것은 못 풀었던 문제를 통해 실전에서 풀게 되는 **시험의 문제(모르는 문제)에 대처하는 능력을 기르는 것이다. 물론 그렇게 하기 위해서는 해답과 거리를 두고 고찰하는 능력이 필요**하게 된다.

감이 잡히지 않는 사람들을 위해, 예제를 준비해 보았다. 이것은 나다 중학교에서 2013년도에 출제된 문제와 해답이다. 여기서는 문제를 풀지 못했다는 것을 전제로 문제의 해답에서 얻을 수 있는 것에 대해 생각해보겠다.

이 문제는 나다 중학교의 입시문제인데, 인터넷에서도 화제가 되었다. '좌절감을 안겨주는 문제야', '토할 것 같아!', '대학생인 나도 나다 중학교는 못 들어갈 것 같아!…'와 같이 절망적인 의견들이 속출했다. 이 문제는 상당한 자신감이 있어야 도전할 수 있다.

하지만 만약 이것이 당신이 앞두고 있는 자격시험의 과거문제라고 한다면 그래도 마냥 피할 수 있을까.

《문제》 다음문제의 □에 들어갈 숫자는? (나다 중학교 2013년)

$$\left(\frac{1}{11} - \frac{1}{183}\right) \div 43 = \left(\frac{1}{\square} - \frac{1}{671}\right) \div 167$$

《해답》

→ $\left(\dfrac{1}{11} - \dfrac{1}{183}\right) \times \dfrac{1}{43} = \left(\dfrac{1}{\square} - \dfrac{1}{671}\right) \times \dfrac{1}{167}$

→ $\left(\dfrac{1}{11} - \dfrac{1}{3 \times 61}\right) \times \dfrac{1}{43} = \left(\dfrac{1}{\square} - \dfrac{1}{11 \times 61}\right) \times \dfrac{1}{167}$

→ $\dfrac{3 \times 61 - 11}{3 \times \cancel{11 \times 61}} \times \dfrac{1}{43} = \dfrac{11 \times 61 - \square}{\square \times \cancel{11 \times 61}} \times \dfrac{1}{167}$

→ $\dfrac{3 \times 61 - 11}{3} \times \dfrac{1}{43} = \dfrac{11 \times 61 - \square}{\square} \times \dfrac{1}{167}$

→ $\dfrac{\cancel{172}^{\,4}}{3} \times \dfrac{1}{\cancel{43}} = \dfrac{11 \times 61 - \square}{\square} \times \dfrac{1}{167}$

→ $\dfrac{4}{3} = \dfrac{11 \times 61 - \square}{\square} \times \dfrac{1}{167}$

→ $4 \times 167 \times \square = (11 \times 61 - \square) \times 3$

→ $4 \times 167 \times \square = 11 \times 61 \times 3 - 3 \times \square$

→ $(4 \times 167 + 3) \times \square = 11 \times 61 \times 3$

→ $671 \times \square = 11 \times 61 \times 3$

→ $\cancel{11 \times 61} \times \square = \cancel{11 \times 61} \times 3$

→ $\square = 3$

'해답지'를 활용하는 법

올바른 '해답' 활용법을 알기 전에, 아까 제시한 문제의 '해답'에 있어 핵심을 몇 개 살펴보자.

(해답의 핵심)

① 무턱대고 계산하지 않는다. (x를 남긴다)
② (해답2번째 줄) $183=3 \times 61$인 것을 알아챈다.
③ (해답2번째 줄) $671=116 \times 1$인 것을 알아챈다.
④ (해답3번째 줄) 양쪽의 11×61을 없앤다.
⑤ 167이 소수라는 것을 알아챈다.
⑥ (해답5번째 줄) 172와 43의 약분
⑦ (해답 밑에서부터 2번째 줄) 양쪽의 11×61을 없앤다.
⑧ 해답 중에서 가장 중요한 역할인 '3', '11', '61'은 2013의 소인수분해 '$2013=3 \times 11 \times 61$'에 나오는 숫자이다.

해답의 핵심을 잘 살펴보면, **'자신이 풀지 못했던 이유'**를 깨달을 수 있어 자신에게 큰 도움이 된다. 하지만 '모르는 문제'에 대비하기 위한 준비로써는 아직 부족하다. 여기서 제일 필요한 것은 **해답의 핵심을 멀리서 고찰하고 이를 추상화 시키는 과정**이다.

①은 본질적인 과정이기 때문에 생략하도록 하겠다. ②, ③, ⑤의

핵심을 멀리서 고찰해 볼 때, 필요한 능력은 '어떤 숫자의 약수(떨어지는 숫자)를 찾아내는 능력'이라고 추상화시킬 수 있다. 더욱이 이것은 '어떤 숫자가 소수인가 아닌가를 판단하는 능력'으로 발전시켜 생각할 수 있다.

그런가 하면 ⑧의 핵심사항은 스스로 발견하기가 조금 어려울 수도 있다. ⑧에 관해서는 '출제된 년도의 숫자에 대한 문제'라고 추상화 시킬 수 있다. 이런 과정을 거치면 '혹시 나다 중학교에서는 매번 출제 년도에 관련된 문제를 내고 있진 않을까?'라고 생각해 과거에 있었던 문제를 다시 한 번 살필 동기를 마련해줄 것이다(나다 중학교에서는 실제로 출제 년도에 관한 문제가 자주 등장한다). 여기까지 생각이 미친다면, 실제 2015년의 시험에 응시한다고 했을 때 '2015=5×3×31' 정도의 문제는 간단하게 예상할 수 있을 것이다.

어떠한가? 이것이야말로 **멀리서 고찰하는 능력, 추상 능력을 활용시킨 공부법**이다. 그저 해답을 참조하고 반복을 거듭하는 타 공부법과는 비교가 될 수 없을 정도로 정보량이 넘쳐흐를 것이다.

'빈출 문제'에 대처하는 방법

교과서에 실려 있을 법한 문제의 해답에 대해서는 무조건 외우지 말라고 몇 번이나 말해 왔다. 그렇다면 분야를 막론하고 '빈출 문제'에 관해서는 어떻게 대처해 나가야 할까? 교과서나 문제집에 항상 실릴 법한 문제 유형에 관해서는 범용성에 준하는 아이디어와 발상이 담겨있다. 그 발상을 파악하기 위해서 가장 필요한 것은 해답의 핵심을 파악하는 것이다. 그 후 아까의 요령을 활용해 추상화 시켜 나간다.

'빈출 문제'에 요구되는 발상은 추상성도 높을 것이다. 그렇기 때문에 평소보다 더욱 거리를 두고 문제를 고찰해나가는 자세가 필요하다. 몇 번이나 반복하지만 '빈출 문제'의 해법을 달달 외우는 것은 아무런 의미가 없다. 다만, 빈출 문제의 해법에는 모르는 문제를 풀기 위해 꼭 필요한 본질이 듬뿍 담겨 있는 것이다.

따라서 '빈출 문제'는 꼼꼼히 풀어둘 필요가 있다. 중요한 것은 해법을 멀리서 고찰하고 그 의미에 대해 자신만의 언어로 내재화 해두는 것. 문제 그 자체에 대해서 혹은, 해법의 의미를 스스로 내재화 해두면 이해력도 높아지는 것은 물론 해법은 자신에 있어 지식 이상의 것이 될 것이다.

언어화된 해법은 이미 지혜가 되었다고 해도 과언이 아니다. 물론 시간은 좀 걸릴 수 있다. 처음에는 다소 억지스러워도 괜찮다. 경험을 통해 '개념'을 요약하는 능력을 향상시키고, 해법의 의미를 자신만의 언어로 표현하는 연습을 한다면 언젠가는 반드시 습득할 수 있을 것이다. 포기하지 말고 꼭 한번 도전해 보자.

'해답'이 만들어지는 과정

이 장의 마무리로, 문제집에 있는 해답이라는 것이 어떤 식으로 만들어지는가에 대해 살펴보려고 한다. 나는 지금까지 '교과서와 함께 배부되는 문제집'의 해답을 아는 사람의 부탁으로 몇 번이나 집필한 적이 있다. 이렇게 교과서 내용에 100% 준거한 문제집이나 과거 입시문제를 모은 문제집들은 복수의 저자에 의해 보통 해답이 만들어진다. 다시 말해, 한 사람이 한꺼번에 전체 해답을 부탁 받는 것이 아니라

'나가노씨는 이차 함수 부분을 부탁합니다.'처럼 단원을 단위로 해 부탁을 해오는 것이다.

또한, 출판사는 전체를 정해진 페이지수로 나눠야 하기 때문에 '○○페이지까지 부탁드립니다.'라는 식의 분량 지시도 받게 된다. 페이지에 수정이 있을 때에는 '이 문제는 ○○줄로 부탁드려요.'라는 지시도 있다.

이렇게 부탁을 받게 되면, 분량의 조정을 해야 하기 때문에 자신이 생각한 해답 그대로는 실을 수 없게 된다. **어려운 식의 변형이나 해답의 과정은 생략하고 그 핵심만을 남기게 되는 것이다.** 그렇게 해서 만들어진 해답은 매우 단순해진다.

하지만 문제를 풀 수 없었던 독자들은
'어떻게 이런 식으로 생각이 가능하지?'
'왜, 이 다음에 이렇게 되는 거야?'
'첫 번째 줄에서 왜 이런 전개가 되지? 답을 생각해낸 사람은 혹시 천재가 아닐까?'와 같은 좌절과 열등감을 맛보게 된다. 본의 아니게 미안하게 되었다. 하지만 기억해두자. 인쇄물로써 배부되는 '해답'에는 그 크기와는 관계없이 이런 사정이 숨어있다는 것을 말이다. 그래서 나는 항상 학생들에게 말한다.
'해답을 볼 때는 항상 줄과 줄 사이의 원리를 유추해보자!'

마치 시를 읽을 때와 같은 마음으로. 필자가 전하고 싶었던 것은 무엇인지 생각한다. 여기서 아마 생략되었을 거라 생각되는 과정은 무엇일까 상상을 하는 것이다. 이미 어느 정도는 눈치 챘을 수도 있겠지만, 이것 또한 근시안적으로 해답을 고찰한다면 보이지 않을 것이다. 해법의 문장 '사이사이'를 읽는 것은 해답 전체를 먼 곳에서 고찰했을 때 처음으로 보이게 된다.

개념 공부법
(복습 방법)

《'오늘의 학습 노트'을 만드는 법》

'나는 오늘 무엇을 배웠는가?'를
생각하자.

↓ 추 상 화

'자신만의 언어'로
노트에 요약하자.

미래의 자신에게 가르친다는 생각으로
'오늘의 학습 노트'을 기록해 나가자.
그것은 최고의 복습 방법이 될 것이다.

배움의 3단계

공자는 학습의 이상적인 자세에 대해 '논어'에서 다음과 같이 말한 바 있다.

'도리를 물어 이것을 입 밖에 내지 않고 기억하고, 배우는 것을 마다하지 않고, 사람을 가르치는 것에 싫증 내지 말라.' 라는 문장으로, 공자에 의하면 **묻다→생각하다→가르치다** 이 3단계가 배움의 기본자세라는 것이다.

자신이 모르는 것이 있으면, 지식인에게 묻거나 책을 읽는 것이 배움의 제1단계에 해당 한다. 하지만 '그것을 표면에 드러내지 않는 것(입 밖에 내지 않는 것)'은 사실 그리 쉬운 것이 아니다. 무심코 자신이 가진 선입견으로 '이런 건 간단해.'라고 단정 지어 버리거나 혹은 반대로 '당연히 이렇게 어려운 건 모르지.'라며 지레 겁을 먹는 것이 배움에 있어 첫 단계를 방해하는 요소가 된다.

새로운 것에 대해 선입견을 버리기 위해서는 배움의 경험을 쌓아갈 필요가 있다. 처음에는 쉽게 보였던 것들도 실제로 배워보면 의외로 어렵고 심오한 경우가 많다. 이런 것들과 맞닥뜨린 경험이 있는 사람은 매사를 만만하게 보지 않는다. 또 처음에는 엄두가 나지 않았지만 이를 꽉 깨물고 열심히 해서 결국은 잘 할 수 있게 된, 그런 행운아들은 어떤 일에든 도전 할 수 있는 용기를 얻을 것이다.

물론 모든 것에 있어 경험이 부족한 사람은 배움의 입구에서 우왕좌왕하기 십상이다. 하지만 기억해 두자. 선입견을 갖고 배우는 것은 백해무익할 뿐이다. 내 말을 믿고 책에 적힌 마음가짐과 공부 기술을 참고로 **'그럼 한번 해볼까!'** 정도의 가벼운 마음과 각오로 배움의 세계에 입문해 보자.

2단계, '생각하는 것'의 중요성에 관해서는 지금까지 몇 번이나 말해 왔다. 자신의 공부 내용의 의미 혹은 과정을 고려해서 스스로 두뇌에 부담을 주는 것… 공부 내용을 자신의 것으로 하기 위해선 꼭 걸쳐야 하는 관문이다. '왜일까?'라고 고민하는 시간을 충분히 갖고 그 시간을 즐기자!

공자는 배움에 있어서 2단계에서 그만두지 않을 것을 강조했다. '생각하는' 단계에서 그만둬버리면 '뇌의 능력'을 단련할 수는 있어도 정작 중요한 내용은 머리에 남지 않기 때문이다. 즉, 머릿속에 지혜로 자리 잡기 힘들다는 것인데, 그렇다면 새롭게 학습한 내용을 '잊고 싶어도 잊을 수 없는 지혜'로 승화 시키려면 어떻게 해야 할까?

그것을 실현 시켜주는 것이 바로 3단계의 '가르치는 것'이다. 앞서 일류 과학자라면 어려운 것에 관해서도 **중학생이 알 만한 쉬운 말을 사용해 정확하게 표현하는 능력을 갖고 있을 것**이라고 말했었다. 이것은 단순하게 국어를 잘한다고 되는 것이 아니다. 내용에 대해 확실히 이해하고 있기 때문에 가능한 일이다. 즉, 중학생 혹은 나이가 지긋하신 분에게도 알기 쉽게 설명을 할 수 있어야 하고, 이것이 되지 않는 다면 아직 완전한 이해를 했다고 말 할 수 없다.

모든 것에 대해 언어화한다는 건, 지식으로써 결과만 알고 있을 때에는 결코 할 수 없다. 과정을 알아야한다. 다시 말해, **내용을 먼 곳에서 고찰하고 그것이 자신 안에서 '지혜'로 내재화 되어 있지 않다면, 상대방의 수준에 맞추어 이야기 할 수 없다.** '가르친다.'는 제3의 단계는 고찰을 통해 배운 내용을 확실하게 이해하고 있는지 확인하기 위해, 또한 배운 것을 스스로에게 내재화하기 위해서도 매우 중요한 의미를 가진다.

'일인(一人) 수업'의 기막힌 효과

대학 교수로서 평생 교편을 잡았던 아버지는
"누군가를 가르치면 가장 공부가 되는 건 결국 자신이야."
라는 말을 자주 했다.

'남과 다른 공부 방법을 생각'하고 있었던 고등학교 시절의 나는, 아버지의 말에 힌트를 얻어 자신만의 공부법 안에서 가장 기상 첨예

한 방법을 생각해냈다.

그것은 바로 '혼자서 수업을 하는 것'이다.

'가르치는 것'을 최대한 활용해 공부하기 위해서는 어떻게 할까를 고민한 끝에 **가르치다 → 선생님 → 수업 → 교실**과 같은 연상 법을 생각해 냈고, 부모님께 부탁해 방에 칠판과 분필을 놓았다. 교실 같은 방에 기분이 좋아진 나는, 새로 학습한 것에 대해서 어느 정도 이해가 된 것 같다고 생각되면 곧바로 책을 덮고 '그럼, 오늘은 2차 함수에 대해서 배워 볼까.'라는 혼잣말을 하며 '수업'을 진행했다. 듣는 이는 물론 아무도 없다.

나중에 어머니에게 들은 말인데, 칠판을 사주었더니
'이 부분은 상당히 중요해. 머릿속에 잘 넣어두렴!'
'질문 있는 사람?'등의 큰 목소리가 내 방에서 들려와 '쟤 정말 괜찮은 걸까…'걱정을 했었다고 한다.(죄송해요)

비록 가족들에게는 조금 걱정을 끼쳤지만, '가르치는 것'은 아버지가 말씀하신 대로 상당히 공부가 되었다. 일단 '수업'을 하게 되면, 아무리 완벽하게 이해했다고 생각했어도 항상 '어? 조금 이상한데?'라고 생각하는 순간이 있다.

그럴 때에는 '잠시 휴식!'이라고 혼잣말을 하며 '수업'을 중단하고 재차 공책, 교과서, 참고서를 구석구석까지 복습했다. 이 과정을 몇 번 반복하면, '아, 여기를 몰랐구나!'라고 스스로 이해가 부족했던 부분이 보이게 되는 것이다. 나는 이런 식으로 하나하나 이해를 해 나갔다.

내가 한 이 방법은 이 책을 읽는 독자 분들에게도 추천하는 방법이다. 물론 자기 방에 칠판 혹은 화이트보드를 준비하는 것은 쉬운 일이 아니다. 내 수업을 들어줄 수 있는 친구를 만든다면 '일인수업'보다 훨씬 더 큰 효과를 기대할 수 있을지도 모른다. 하지만 그 것도 한 두 번이지 매 번은 어렵다.

그렇다면 여기서, 누구나가 실천 가능한데다 '일인 수업'과 거의 비슷한 효과를 얻을 수 있는 또 하나의 방법이 있다.

노트 필기를 금지했던 전설의 수업

그 전에 먼저, 내 고등학교 시절의 경험담 하나를 소개하겠다.

내가 고등학생 시절은 '대학입시학원의 전성시대'라 불리던 시기였다. 각 학원의 스타강사들은 아마도 평균 1억엔의 연봉을 훌쩍 넘었을 것이다. 그 중에서도 사카마 이사무라는 선생님이 있었는데 그는 순다이 입시학원의 물리 과목을 가르쳤다. 그의 명성은 전부터 익히 들었던 지라, 그의 수업에 참가하기 위해 사전에 예약을 하고 수강권을 힘들게 땄다. 기대 반 설렘 반의 부푼 마음을 안고 수업 벨이 울리길 기다렸다.

수업 벨이 울리고, 모습을 드러낸 사카마선생님의 첫 한 마디는, 내 뇌리에 아직까지 선명하게 남아있다.

"노트를 접어라. 내 수업에서는 노트 필기가 필요 없다."

귀를 의심했다. 얼마나 힘들게 수강권을 땄는데, 이 수업을 꼭 듣고 싶어서 부모님까지 설득했는데, 노트 필기 금지라니… 선생님은 웅성거리는 학생들에게 다시 말을 이어갔다.

"그 대신, 내가 말한 것을 하나도 놓치지 말고 들어라. 그리고 들은 것은 집에 가서 바로 노트에 정리하도록 한다."

사카마 선생님은 어딘지 모르게 도인 같은 면모가 있었다. 거역하면 안 될 것 같은 그의 카리스마에 학생들은 입을 삐죽거리면서도 선생님의 말을 들을 수밖에 없었던 것이다. 그런 연유로 우리들은 노트 필기 없는 수업을 들어야 했다. 하지만 그 후에도 계속된 사카마 선생님의 수업은 심히 충격적 이였다!

여담이지만, 일본의 고등학교에서 가르치고 있는 물리의 큰 기둥이라 할 수 있는 부분은 뉴턴의 체계를 세운 '뉴턴 물리학'이다. 또한 뉴턴은 미분과 적분을 세계에 전파시킨 최초의 인물이다. 하지만 문부 과학성이 지정한 교과 지도 요강을 보면 예나 지금이나 고등학교 물리에서는 미적분의 과정이 생략되어 있는 것이다. 그 결과, 고등학교 물리 교과서에는 미적분의 '미'자도 찾아보기 힘들어 그 설명을 이해하기 힘들다. 또한, 미분 적분의 원리를 모른 채 물리를 배우게 되면 공식이 나올 때마다, '일단 원래 그런 거니까 그냥 외워둬.'라고 말하는 인상을 받는다.

그에 반해, 사카마선생님의 수업은 미적분을 빈번히 사용하는 수업이었다. 처음 미적분으로 '현상'을 해명하는 강의를 들었을 때, 그때의 감동을 나는 절대로 잊지 못할 것이다. 그때까지 기계적으로 암기해야 했던 공식들이, 사실은 유기적으로 이어진 것들이었고 물리학전체가 하나의 큰 나무와 같다는 것을 깨닫게 해주었다. 그것은 이 세상의 아름다움으로 느껴졌고, 이 우주는 신이 만들어준 것이 틀림없다고 느낄 정도로 벅찬 감동을 안겨주었다.

매우 흥미로웠다. 마치 복싱 영화를 본 것과 같은 느낌이었다. 수업이 끝나자마자 한걸음에 집으로 돌아가 옷도 갈아입는 둥 마는 둥 하며 곧 바로 노트 필기를 시작했다. 귀 속에 맴도는 선생님의 강의, 선생님의 이야기를 듣고, 자신이 '아 그렇구나!'라고 느낀 것을 필사적으로 기록했다.

미래의 자신이 봤을 때 다시 읽고 싶어지는 필기를 하자!

조금 갑작스러운 질문이긴 하지만, 당신에 있어서 노트 필기는 어떤 의미를 갖고 있을까? 물론 학생 때에는 '수업 열심히 듣고 있어요.'라며 선생님께 어필하기 위해 노트 필기를 했을 수도 있을 수도 있다. 하지만 직장인이나 어른이 되어 노트 필기를 한다는 것은, 당연히 '복습을 위해서'이다.

서점에 가서 보면, '공부법'이 적힌 책 옆에는 항상 '노트 필기법술'의 책이 진열되어 있는 걸 알 수 있다. 물론 그 어떤 책들도 정보를 효율적으로 정리해 그 것들을 머리에 담기 위해 엄청난 궁리를 했을 것이고, 한때 유행했던 '도쿄대 학생의 노트는 깨끗하다'라는 책에도 적혀있듯이 똑똑한 사람의 노트에는 특징이 있다는 것도 사실일 것이다. 하지만 내 개인적인 의견으로는, '정해진 규칙'이 너무 많은 노트는 그와 같은 노트를 만드는 것에 집착하게 되어 정작 중요한 내용을 생각할 시간은 적어질 것이라 생각한다.

나에게 있어서 최고의 노트는 **'미래의 자신이 봤을 때 다시 읽고 싶어지는 노트'**이다. 노트는 필기법과 내용에 있어서 미래의 자신에게 호감을 주어야 한다.

'전설의 수업'이라 불리는 사카마선생님의 수업 내용을 고등학생이었던 내가 필사적으로 노트에 요약한 이유. 그것은 다른 누군가를 위해서가 아닌 내 자신을 위해서이다. 들은 직후라면 머릿속에 기억이 남아있겠지만 일주일, 일 개월, 수개월이 지난 뒤에도 잘 기억할 수 있을까?

 그렇게 생각한 나는, **미래의 자신에게 '이렇게 대단한 이야기를 들었어.'라고 가르쳐주는 듯이 필기를 했다.** 무엇보다도 자기 자신을 위한 필기 법이기 때문에 사소하고 세부적인 것도 꼼꼼하게 필기를 한 것이다. 수업에서는 다루지 않았던 내용에 대해서도 자신이 궁금한 것에 관해서는 스스로 알아보고 내용을 덧붙였다. 그 당시에는 보물과 같은 강의 내용을 잊고 싶지 않았기에 노트 필기를 시작했지만, 지금 생각해보면 노트에 요약하는 그 작업 자체가 나에게 있어서 굉장한 공부가 되었다고 확신한다.

 불과 1시간 전에 들은 내용이라 해도, 선생님의 강의를 하나하나 기억할 수는 없다. 결국에는 자기가 이해한 내용을 스스로의 언어로 적는 것이 필요한 것이다.
 조금은 감이 오는가?

 수업노트를 요약하는 작업을 통해 **자신만이 알 수 있는 말로** (미래의 자신에게) **'가르치는 것'** 이라는 배움의 3단계를 모의로 체험할 수 있다.

이 방법에 대해 어떻게 생각하는가? 자신의 방에 칠판 혹은 화이트보드를 준비해 '일인수업'을 하는 방법이나, 매번 학생 역할을 해주는 지인을 찾는 것은 어려워도, 미래의 자신을 위해 배운 것을 노트에 요약하는 작업은 훨씬 더 쉽지 않은가?

'오늘의 학습 노트'를 만들자.

복습을 위해서는 **'오늘의 학습 노트'**를 만드는 걸 권장한다. 노트를 만드는 법 자체는 당신이 원하는 어떠한 방법으로 해도 괜찮다. 중요한 것은 꼭 **'자신의 말'**로 기록할 것. 수업 노트나 참고서의 문장을 그대로 베끼는 건 효과가 없다.

눈을 감고(감지 않아도 되지만)
'나는 오늘 무엇을 배웠는지?'를 생각해 보라.
읽었던 책의 줄거리를 생각하는 것과 같은 요령이다.
'개념'처럼 내용은 되도록이면 추상화시키려고 하자. 하지만 그렇게 어렵게 생각할 필요는 없다. 예를 들어, '$(a+b)(a-b)=a^2-b^2$'라는 전개공식을 배웠다고 하자. '합과 차의 곱은 깔끔한(군더더기 없는) 형태가 된다.'라고 말할 수 있다면 그것만으로 충분하다. 수식(문자의 나열)을 근시안적으로 보고 단순히 암기 하려고 했을 때보다 훨씬 더 깊은 인상을 가질 수 있다. '오늘의 학습 노트'에는 이런 과정에서 도출해 낸 말들을 적어가는 것이다. 물론 가끔은 아무리 생각해 봐도 배운 내용을 추상화 할 수 없는(말로 형용 불가능한) 것도 있을 것이다. 그럴 때는 다시 한 번 수업 필기 노트를 훑어보고, 추상화 시킬 수 있는 힌트가 어디 없나 재차 살펴보자. 이러한 과정도 아주 좋은 복습이 될 것이다.

또한, 오늘의 학습 내용을 미래의 자신에게 가르쳐 주는 노트 필기 법을 했을 때는 새로운 의문이 생기기도 한다. 그것은 당신의 이해능력이 아직 부족해서라고 말할 수 있다. 바로 해결되지 않을 것 같은 의문에 관해서는 '이것에 대해서 궁금함을 느꼈다'라고 그대로 노트에 적어도 상관없지만, 되도록이면 의문을 해소하기 위해 자기 나름대로 답을 찾아보자. 그리고 알게 된 것에 관해서는 미래의 자신이 봤을 때 알기 쉬운 말로 필기를 해두자.

미래의 자신을 위해 그 날의 학습 내용을 자신만의 언어로 노트에 요약하는 작업은, 매사에 있어서 거리를 두고 고찰할 수 있는 기회를 제공한다. 또한, 배움의 3단계 '가르치는' 부분에 있어서도 효율적이기 때문에 상당히 좋은 복습 기회가 될 것이다. 자기 전의 30분 ~1시간의 시간을 할애해 '오늘 배운 것 노트'에 요약해보자. 지금까지와는 비교가 될 수 없을 정도로 배움의 깊이가 깊어질 것이다.

키친타이머 공부법
(시간 사용법)

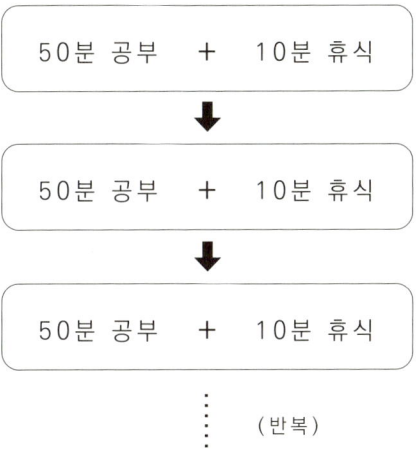

장시간을 공부하기 위한 전략을 세우고,
스스로를 알면 인생이 바뀐다!

> '인생을 바꾸는 세 가지의 방법이 있다. 첫 번째는 시간의 배분에 변화를 주는 것. 두 번째는 사는 장소를 바꾸는 것. 세 번째는 주변 사람들을 바꾸는 것. 나는 이들 중 하나를 선택해야 한다면 시간 배분에 변화를 주는 것을 택할 것이다. 다른 것들 보다 가장 효과적이기 때문이다. 반대로 가장 무의미한 것은 '결의를 새롭게 하는 것이다.' (오마에 겐이치)
>
> '출처: [시간과 낭비의 과학], 프레지던트사'

나는 학원에서 수학을 가르치는 것 외에도 '공부 방법을 상담'해 주고 있다. 그리고 나는 성적이 향상되지 않아 고민하는 학생들에게 다음과 같은 조언을 자주 해주곤 한다.

"만날 내일부터 한다는 생각으로는 아무것도 바뀌지 않을 거야. 너의 변화를 가족들이 알아차리게끔 시간의 사용법을 바꿔보는 건 어때."

매일 아침 근근이 지각을 면할 정도에 일어난다면, 30분 빨리 일어나서 공부하려고 노력해보자. 가족들은 분명 변화를 느낄 것이다. 물론 '더 열심히 해야지'라는 생각 자체는 중요하다. 하지만 그렇게 생각하는 것은 누구나 가능하다. 결의와 결과는 별개이다. 일상에서 시간의 사용법에 변화를 준다면 지금까지와는 확실히 다른 결과를 낳을 수 있을 것이다.

저명한 경영 컨설턴트인 오마에의 말대로, 시간의 사용법을 바꾼

다면 인생은 바뀔 것이다. 공부에 있어서도 마찬가지다. 지금까지와 다른 성과를 기대한다면 가장 빠른 효과를 기대할 수 있는 건 시간의 사용법을 바꾸는 것이다.

하루 14시간의 공부

아버지는 1940년에 태어났는데, 이와 비슷한 연배의 분들은 비교적 공부를 했던 세대에 속한다. 일본에서는 한 때 사당오락이라는 말이 유행했다. 4시간 자며 열심히 하는 수험생은 합격하지만, 5시간이상 자면 시험에 떨어진다는 말이다. 하지만 아버지는 충분한 수면 시간을 갖지 않으면, 그날의 집중력과 효율이 떨어진다고 자신 스스로에 대해 잘 알고 있었기에 하루 8시간 수면에 노력했다고 한다.

단 **'하루에 14시간은 공부했던 것 같다.'**
고 말했으니, 일어나 있는 동안은 역시 피가 터지게 공부했을 것이다. 일어나 있는 시간 16시간 중에 학습에 14시간을 썼다고 하는 것은, 남은 2시간 동안 3번의 식사와 샤워 등등을 해결했다는 말이 된다. 나는 '말도 안 된다!'고 생각했다. 하지만 내가 막상 수험생이 되어보니까 아버지의 마음을 어느 정도 이해할 것 같았다. 나도 수면부족에는 굉장히 취약한 편이었다(지금은 강해졌지만). 그런 연유로 하루에 14시간 공부를 하며 8시간의 수면을 확보하려면 어떻게 하면 좋을지를 생각했다.

키친타이머 공부법

나는 부엌 한쪽에 있던 키친타이머를 활용했다. 방법은 다음과 같다. 책상 한쪽에 키친타이머를 놓고 처음엔 50분으로 설정해 놓는다. 그리고 50분이 지나서 타이머가 울리면 공부를 중지한다. 시험 칠 때에 시험관이 "이제 펜 놓으세요!"라고 말했을 때와 같이 말이다. 그리고 타이머의 시간을 10분으로 재설정한다. 이 10분이 지날 때까지는 절대로 펜을 잡지 않고, 오직 용변을 해결하거나 음료를 마시거나 몸을 움직이는 등으로 휴식을 취한다. 타이머가 울리면 다시 곧 책상에 앉는다. 그 뒤에는 이와 같은 '50분(공부)+10분(휴식)'의 세트를 반복한다.

왜 하필 키친타이머로 시간을 재냐고 묻는다면, 간단하게 시간을 측정할 수 있었던 도구가 그 것 밖에 없었기 때문이다. 지금이라면 키친타이머 외에도 스마트폰 등등의 도움을 받을 수 있을 것이다.

나는 '50분(공부)+10분(휴식)'의 하나의 사이클을 소화시키면 '1시간 공부했다'라고 생각했다. 스스로를 그렇게 세뇌시켰다. 물론 정확히 말하면 10분 부족하지만, 이러한 사이클로 공부를 하면 그렇게 힘들이지 않아도 하루에 13~14회는 반복할 수 있다(꼭 한번 해보라). 정신건강에도 좋다.

'키친타이머 공부법'에는 장시간 학습이 가능한 것 외에 또 다른 효과가 있다. 그것은 **50분이라는 시간 감각이 몸에 익혀지는 것이다**. 시계를 보지 않아도 50분이 지날 때가 되면 '이제 슬슬 끝나겠는데?'라는 생각이 든다. 물론 모든 시험이 다 그렇진 않지만, 입시 시험을 포함해 60분으로 시험 시간을 정해둔 곳이 많다. 그러한 시험에서는 50분의 감각으로 '이제 슬슬…' 이라고 생각하게 되면 실제로는 아직 10분이나 남아있어 뭔가 이득을 본 기분도 든다. 내가 수험생 이였을 때에도 보통이면 슬슬 조급해질 시간에 10분이나 남아있어 마음에 여유를 가질 수 있었고, 실수가 없는지 재차 확인할 시간도 가질 수 있었다.

'지치기 전에 쉬어주는 것'이 중요

'키친 타이머 공부법' 의 핵심은 **공부도 휴식도 타이머가 울리면 즉각 그만두는 것이다.** 절대로 '이것만 하고 쉬어야지' 라는 생각을 하면 안 된다.

오래 달리기 할 때를 생각해 보라. 처음부터 전속력을 내는 사람은 없다. 장거리를 달려 승부를 보는 사람들은 항상, '오래 달리기 위한' 전략을 세운다. 장시간의 공부를 할 때에도 마찬가지다. **순발력보다도 지구력이 요구되는 것이다.**

하루 종일 공부를 한다고 해보자.
오전 중에는, '그래 좋았어, 열심히 하자!!'고 불타는 의지로 2~3시간 열심히 공부한다. 하지만 너무 집중한 나머지 공부가 끝난 후엔 너무 지쳐버리는 것이다. '힘들다~~ 이제 쉬어야지.'라는 생각과 함께 휴식은 자연스레 길어질 것이다. 이렇게 되면 10분~20분 정도론 다시 공부를 할 생각이 들지 않는다. '집중해서 공부했으니까…'라고 생각하며 자신 스스로에 만족하고 합리화시켜 1~2시간 이상 쉬어버린다. 누구나가 경험해봤을 법한 이야기다. 다시 책상으로 돌아가기 위해서는 다시 동기를 하나부터 만들어야 한다.

동기를 다시 부여한다는 것은 정말로 어려운 일이다. 독자들도 아마 잘 알고 있으리라. 게다가 휴식이 길어지면 '너무 쉬어서 피곤해.'라며, 배보다 배꼽이 더 큰 상황도 펼쳐지기 마련이다. 그러니 확실히 시간을 분배하고 **피곤해지기 전에 쉬는** 것이 중요해 지는 것이다.
키친타이머 공부법을 오랜 시간 공부를 하기 위한 전략으로 활용하라.

황금 시간대

내 자료 중에 '전격 비교! 연봉 1,500만vs400만의 일상습관'이라는 기사가 있다. 이것은 '프레지던트'의 편집부가 2011년에 600명의 직장인에 대해 조사한 결과를 모은 것이다.

그 중에서도 내가 주목한 것은 **'자신이 가장 집중이 잘 되는 하루 중의 시간대, 장소를 파악해, 그 것을 적극적으로 활용하고 있는가?'** 라는 항목. 결과를 보면, 연봉 1,500만 엔 이상인 사람들은 52.5%가 '그렇다'고 대답한 것에 비해, 400만 엔대의 사람들은 '그렇다'가 37%에 불과했다. 또한 **'집중을 하는 자기만의 요령이 있는가?'** 라는 항목에서는 1,500만 엔 이상은 23.3%의 사람들이 '그렇다'라고 대답하였으며, 이것은 400만 엔대의 사람('그렇다'는 7.4%)의 3배 이상에 해당되는 수치에 해당했다. 단순히 연봉만 갖고 비교 분석하는 것은 부정확 할 수도 있지만, 이 자료로 보면 성공했다고 불리는 많은 사람들은 자기분석에 뛰어난 것으로 보인다.

독자들은 하루 중에 스스로가 집중이 잘 되는 시간대, 집중이 잘 되지 않는 시간대를 잘 알고 있는가? 내 경우를 말하자면, 식후에는 공부가 잘 되지 않는 편이다. 소화 때문에 피가 위에 쏠려있어서 그런지는 몰라도 식후에는 머리가 잘 안 돌아가는 느낌이다. 반대로 식사 직전의 공복에는 머리 회전도 잘 되고 집중력도 좋아지는 것 같다.

그런 의미에서, 당시 고등학생이었던 나는 공복의 시간을 **'황금 시간대'**라고 이름 붙였다. 머리를 사용하는 과목(수학, 물리, 영어, 현대문 등)은 식사 전의 황금 시간대에, 암기 과목은 식후에 하도록 해 효율성을 높이려고 한 것이다. 또한 긴 휴식 시간이 필요 할 때에는 '황금 시간대'를 피해 되도록이면 식후에 쉬려고 했다. 하지만 이것은 언제까지나 내 경우에 국한된다. 공복이라서 집중력이 더욱더 떨어지는 사람들도 있을 것이다. '황금 시간대'는 개인차가 있다. 여기서 중요한 것은 **다양한 시도를 해보고 자기 자신에 대해서 철저히 분석하는 것이다.**

공부 장소도 마찬가지다. 내 경우, 조용한 내 방에서 가장 공부가 잘되는 편이다. 하지만 이 것 역시 개인차가 있어, 사람들의 시선이 있는 도서관이나 학원 자습실과 같은 곳에서 공부가 가장 잘 된다는 사람들도 있을 것이다. 혹은 전차 안에서 하는 공부가 가장 잘된다는 사람도 있을 것이다.

그런가하면, 음악을 들으면서 공부하는 소위 '멀티태스킹'에 관해서도 의견이 부분하다. 고등학생 때의 나는, '멀티태스킹'에게 회의적인 의견을 갖고 있었다. 그랬기에 나 자신은 음악을 들으면 공부를 하지 않았지만, 대학에 오니 하드락을 들으며 수학이나 물리의 어려운 문제를 푸는 그런 천재들도 있었다. 최근 캘리포니아 대학 로스앤젤레스 캠퍼스(UCLA)의 학자들이 중심이 되어 진행하고 있는 연구에서는, 음악을 선택해 공부 혹은 독서, 일을 하면, 집중력을 최대 400%나 높일 수 있다고 한다.

자신이 집중 할 수 있는 시간(황금 시간대), 장소, 환경 등에 관해 자기분석을 철저히 해두자. 이는 공부의 효율성을 높이기 위해 꼭 필요하다.

영어공부의 비중

이 책을 읽고 있는 분들 중엔 대학 시험을 다시 치르려고 생각하는 직장인이나, 수험생이 있는 학부모님도 있을 것이다. 그럼으로 수능 시험에 있어서 과목별 시간 배분하는 법에 대해서도 조금 알아보겠다. 나는 수학 학원을 운영하고 있지만, 수험공부의 핵심은 영어에 있다고 생각한다. '영어를 통제 가능한 자는 수험을 통제할 수 있다'는 말이 있다.
'아빠는 수험생 때, 전체에서 절반의 공부 시간을 영어 공부에 투자했어.' 라고 내 아버지도 실제 자주 말하고는 했다.

국립대학 이공계 쪽을 희망할 때에는 공부해야 할 과목 수가 10개 가까이 된다. 그 중 절반의 시간을 영어 공부에 쓰는 건 어떻게 보면 아주 비효율적이다. 하지만 역시 영어에는 그 정도의 시간을 할애해야 한다(실제 나도 그렇게 했다). 그 이유는 뭘까?

명문 대학의 이공계 수학 쪽 과목에서는 시험 후에 학생들의 입방아에 오르내릴 정도의 '굉장한 난제'가 가끔 출시되곤 한다. 그 예로, 도쿄대에서 1988년에 출제된 문제(4면체의 바로 위에서 빛을 쏠 때에 생기는 그림자 '정사영' 의 면적 최대치와 최소치를 구하라.)는 수험 다음 날 입시 학원들 사이에서도 해답을 두고 의견이 분분했을 만큼 '전설의 난제'로 손꼽힌다. 이런 문제는 수학의 편차치가 70을 넘는 사람이라 하더라도 어려울 것이다. 아무리 수학에 뛰어난 사람이라도 다른 수험생과 별 다른 차이를 벌리지 못하고 좌절했음이 틀림없다.

그에 반해, 영어 과목에서는 그런 문제가 출제 되는 일이 거의 드물다. 실력대로 점수가 벌어지게 되는 것이다. 영어를 자신 있는 과목으로 해 놓는다면 어떤 경우에서도 경쟁 상대와의 차이를 벌릴 수 있는 것이다. 하루 공부시간의 절반을 영어에 사용하는 공부법은 사립대학을 희망하는 사람은 물론이고, (공부 과목수가 많은) 국립대학을 희망하는 사람에게도 권장하는 방법이다.

공부할 의욕이 생기지 않을 때에는?

하루 중 집중을 잘 할 수 있는 황금시간대가 되었는데도 '공부해야 하는 건 알겠는데, 전혀 하고 싶지 않아…'라는 생각이 들 때가 있다. 인간이니까 그런 날이 있는 것은 어쩔 수 없다. 그렇다고 해서 하고 싶어 질 때를 무턱대고 기다릴 것인가. 그렇다면 할 의욕이 전혀 생기지 않을 때에는 어떻게 해야 할 것인가.

의욕과 관련된 감정은 우리 뇌의 '**측좌핵**'이라는 부분에서 만들어진다. 측좌핵을 움직임을 주기 위해서는 자극이 필요한데, 무언가를 할 의욕이 없을 때 아무리 기다려도 의욕이 생기지 않는 것은 마냥 기다리는 것만으로는 측좌핵에 자극이 가해지지 않기 때문이다. 그렇다면 측좌핵을 자극시키려면 어떻게 해야 할까? 측좌핵 자극을 위해서는 간단하게 할 수 있는 '관련 작업'을 하는 것이 좋다.

일하기 싫은 우울한 아침이지만 책상에 앉아 메일을 보고 있는 중에 점점 집중력이 좋아졌다. 이와 같은 경험은 누구나 갖고 있을 것이다. 단순작업으로 기분이 좋아지는 현상은 심리학자 크레페린에 의해 발견되었고 이는, '**작업흥분**'이라 불려진다. 일단 무엇이든 시작하면 조금씩 상태가 좋아져 집중력도 좋아지는 것이다. 이 현상을 작업흥분이라고 한다.

공부에 있어서 내가 추천하는 것은, **책상의 청소**이다. 측좌핵을 자극시켜서 공부를 하려면, 책상 청소는 전날 공부의 마무리나 휴식 전 즈음에 하지 않는 편이 좋을 수도 있다. 책상 위를 치우게 되면

깨끗해진 책상 위에 참고서나 노트를 펼쳐 놓고 싶어질 테니까. 이러한 작업을 하게 되면 측좌핵에 자극이 가게 되어, 처음보다는 더욱 공부할 의욕이 생기게 될 것이다.

 책상을 깨끗이 청소한다 해도, 참고서를 펼친다 해도, 그래도 할 의욕이 생기지 않는 날이 있을 수도 있다. 아마도 몸이나 마음, 혹은 머리가 상당히 피곤에 젖어 있는 그런 날일 것이다. 그럴 때엔, '내일부터 다시 하고 오늘은 휴식!'이라고 자기 자신에게 선언을 하고 쉬어도 괜찮다. 가끔은 전혀 공부하지 않는 날을 만들어도 큰 지장은 없다.

빨리 일어나는 요령

 바쁜 직장인들에게 공부하는 시간을 확보하는 것은 좀처럼 어렵다. 하루의 대부분의 시간을 회사와 거래처사람의 사정에 맞춰야 하기 때문이다. 아마 공부를 한다면 출근 전의 아침 시간을 활용해야 하는 사람들도 많지 않을까. 게 개 중에는 아침형 인간이 아닌 탓으로 아침에 일어나는 것이 힘든 사람도 있을 것이다. 사실 심리학에 근거한 빨리 일어나는 방법이 하나 있다. 일단은 다음 문제를 한 번 살펴보고 생각해보자.

문제

내일은 아침 일찍 중요한 회의가 있다. 회의 전에 회의에 필요한 자료를 꼭 한번 훑어보고 싶다. 그렇다면 다음날 아침 당신이 늦잠을 자지 않기 위해, 전날 밤에 꼭 해두어야 행위는 다음 중 어떤 것인가?
A : 아무것도 하지 않고 잔다.
B : 반 정도 자료를 읽고 잔다.
C : 자료를 전부 읽고 잔다.

정답. B

어릴 때에는 어른들에게 '다음날의 준비는 전날에 해야지.' 라는 말을 자주 듣곤 했다. 이 때문에 근면 성실한 분들은 C를 골랐을 가능성이 높다. 반면, A를 고른 사람들은 빨리 일어나는 것에 자신이 있거나, 아니면 베짱이 있는 분일 가능성이 높다. **하지만 늦잠 잘 가능성이 적은 것은 B이다.** B와 같이 자료를 반밖에 읽지 않는 상태에서 침대에 들었을 때에는, '아직 끝내지 않았어.'라는 생각을 한 채로 자게 된다. 이런 생각이 빨리 일어날 수 있도록 해주는 것이다.

고백에 있어서도 그렇다. 더 뇌리에 오래가는 기억은 고백 후 확실하게 거절을 당한 기억보다, 고백도 못하고 짝사랑으로 끝내버린

사랑의 기억이다. 사람은 미완성은 의식의 강한 움직임으로 뇌에 강렬한 인상을 남긴다. 이를 심리학에서는 '**자이가닉 효과**(Zeigarnik effect)'라고 말한다.

   자이가닉 효과를 아침 공부에 응용하기 위해 전날 밤에 작업을 '중간에 그만둔' 채로 자는 것 좋다. 즉, '오늘의 학습 노트'를 만든 뒤 10~20분정도 새로운 문제를 풀거나, 새로운 내용에 관한 교과서를 읽는 것이다. 이렇게 해두면 다음날 아침 일찍 일어나게 되고 출근 전에 그 다음 공부를 할 수 있게 될 가능성이 커진다. 한정된 시간을 유효하게 활용하는 데에 효과가 좋으니 시도해 보면 좋을 것이다.

제**4**장

지식을 지혜로 바꾸는
'최강의 기억법'

주체적으로 학습한다
(철저하게 조사한다)

《 주체적 공부법의 3단계 》

> 프로세스를 본다.

> '…왜?'를 늘린다.

> 철저하게 조사한다.

철저하게 조사하면서 주체적으로 학습하면
'지식'은 '지혜'로 승화된다.

'리더십론'으로 권위 있는 스티븐 R. 코비(Stephen Richards Covey)가 1996년에 저술한 《성공하는 사람들의 7가지 습관》은 전 세계적으로 2,000만부가 팔린 경이로운 베스트셀러이다. 비즈니스 서적에 관심이 있는 사람이라면 읽은 적이 있을 것이다. 《성공하는 사람들의 7가지 습관》에서 제일 먼저 소개하는 제1 습관은 '주체성을 발휘한다(Be Proactive)'이다. 인간은 갓난아기로 태어난다. 모든 면에서 타인에게 의존하는 존재이지만, 자립을 목표로 '개인적인 성공(Private Victory)'을 획득하기 위해서는 주체성이 기본이란 것은 쉽게 알 수 있다.

환경과 자극에 수동적인 사람이 취하는 행동은 무의식적이며 반사적이다. 자신이 취한 행동에 책임을 질 수 없으므로 결과가 좋지 않을 때는 이를 남의 탓으로 돌린다. 이런 사람은 성장할 기회를 얻을 가능성이 많지 않다. 반면, 환경과 자극에 주체적으로 행동하는 사람에게는 모든 결과가 자신이 선택한 '미래'이다. 모든 행동에는 이유가 있으며, 책임을 질 수 있으므로 실패를 다음번 성공의 양분으로 삼을 수 있다.

일반적으로 **수동적인 사람은 곧잘 부정적이 되며, 주체적인 사람은 반대로 긍정적인 경향이 있다.**

주체적으로 공부하라.

공부도 마찬가지이다.

수동적인 자세로 공부하는 사람은 성적이 오르지 않으면 '내 머리가 나쁜 건 유전 때문이야', '교사가 문제야', '책이 안 좋아', '조용히 공부할 수 있는 곳이 없어' 라며 남의 탓을 한다. 하지만 이런 사고방식을 지닌 사람은 어떤 환경에서든 불평불만을 늘어놓기 마련이다. 원하는 것을 주변에서 구하지 않는 사람이 먼 곳에 있는 것을 찾을 수 있을 리가 없다.

성서에도 쓰여 있다.
' …찾아라, 그러면 찾을 것이요. 두드려라. 그러면 열릴 것이다.'
(마태복음서 7장 7절 중)

성적을 올리고 싶다면 스스로 원해야 한다. 하지만 기다린다고 성적이 저절로 오르는 일은 없을 것이다. 애당초 수동적인 학습이 편할지는 몰라도 남의 말을 듣고 하는 공부이기 때문에 재미가 없을 수밖에 없다. 내가 본서에서 제일 처음에 공부를 잘하기 위해서는 '고독감'과 '위기감'을 지녀야 한다고 했던 것도 수동적인 공부에서 벗어나서 자신의 의지로 첫걸음을 내딛어주길 바랐기 때문이다.

또, 내용 면에서도 결과를 통째로 암기하는 것은 전형적인 수동형 공부 방식이다. '왜 그럴까?' 하고 궁금해 하며 프로세스에 관심을 두는 것이 구체적인 조사 작업으로 이어진다. 뒤에서 설명하겠지만 **조사하고 알아보는 것은 주체적 학습의 기본**이다. 즐겁게 공부하기 위해서라도 흥미가 생긴 내용에 대해서 직접 조사해보는 주체적인 자세는 반드시 필요하다.

주체적 공부의 영재 교육을 받은 에디슨

에디슨은 3개월밖에 초등학교를 다니지 않은 것으로 유명하다. 어린 시절에 에디슨은 무척 호기심이 많아서 사람들이 상식으로 여기고 신경조차 쓰지 않는 것에 대해서조차 '왜 그럴까?'하고 의문스럽게 생각했다. 에디슨은 끊임없이 질문해댔고 선생님은 '에디슨은 머리가 이상한 것 같다'며 두 손을 들었다고 한다.

대단했던 건 에디슨의 어머니였다. 그녀는 "수업을 방해하지 말고 얌전히 있으렴."이라며 에디슨을 야단치지 않았다. 아들의 소질을 알아보지 못한 학교를 탓하며 직접 교육하기로 결심한다. 나는 어머니 덕분에 에디슨이 존재한다고 생각한다. 왜냐하면, 그녀가 에디슨에게 하나부터 열까지 가르치려고 하지 않았기 때문이다.

그녀는 자기 아들이 **무엇이든 의문스럽게 생각하며 직접 알아보**

고 확인해보지 않으면 납득하지 않는 성격**이라는 사실을 잘 알고 있었다. 그래서 먼저 독서하는 습관을 길러주었고 그 후에 '자연·실험철학개론'이란 책을 사주었다. 가정에서 할 수 있는 과학실험 방법이 자세하게 기술된 이 책과 만남으로써 에디슨의 재능이 개화됐다고 해도 과언이 아니다.

 지하실을 자유롭게 써도 된다는 허락을 받은 에디슨은 책에 나오는 실험을 하나도 빠트리지 않고 모두 해보았다. 그리고 실패와 성공을 반복하며 에디슨은 넘치는 호기심을 채울 수 있었고 다양한 실험방법을 학습할 수 있었다.

 에디슨은 평생 천 개가 넘는 특허를 취득했다. 그 뒤에는 몇 만, 몇 십만 번의 실패가 있었음을 어렵지 않게 짐작할 수 있다. 그런데도 주저앉지 않고 계속 도전할 수 있었던 것은 어린 시절에 지하실에서 했던 경험을 통해서 실패가 성공의 자양분이 된다는 것을 알고 있었기 때문이리라. 누가 시켜서가 아니라 마음이 가는 대로 주체적으로 학습했던 경험을 통해서 실패도 긍정적으로 파악하는 사고방식을 기를 수 있었던 것이다. 실제로 에디슨은 만년에 다음과 같이 말했다.

 "나는 지금까지 한 번도 실패한 적이 없다. 전구에 불이 들어오지 않는다는 발견을 2만 번 가량 했지만 이를 통해 이 방법으로는 불을

밝힐 수 없다는 사실을 알았으므로 모두가 다 '성공'인 셈이다."

이 같은 경이로울 정도로 긍정적인 사고를 무기로 에디슨이 '발명왕'이 될 수 있었던 것은 유·년기에 어머니에게 **'주체적 공부의 영재교육'**을 받았기 때문이라고 나는 생각한다.

스스로 찾아보지 않는 일본인

베네세 교육연구개발센터가 2006년에 도쿄, 서울, 북경, 헬싱키, 런던, 워싱턴 DC의 6개 도시 어린이(초등학교 5학년)를 대상으로 '학습 기본 조사·국제 6도시 조사'를 시행했다. 이에 따르면 '수업 시간에 배운 내용에 대해서 스스로 더 자세하게 알아본다.'와 '흥미가 생긴 내용에 대해서는 학교 공부와 관계없이 알아본다.'의 2개 항목에 대해서 '해당한다.' + '다소 해당한다.'라고 대답한 어린이의 비율이 도쿄가 6개 도시 가운데 가장 낮았다.

조사는 주체적 학습의 첫걸음이다. 다시 말해 이 조사 결과는 일본에 주체적으로 공부하는 어린이가 적다는 것을 의미이다. 이에 위기감을 느낀 문부과학성은 2014년 4월에 엮은 '학습 이노베이션 사업 실증 연구보고서'에서 초등학교에 취학하기 전부터 **어린이가 주체적으로 학습하도록 교육을 전환해야 한다**고 강조했다.

우리 학원에도 수동적인 태도를 지닌 학생이 많다. 앞서 성적이 비약적으로 좋아지는 학생은 '질문'하는 단계를 거친다고 했는데, 교과서를 읽으면 답을 찾을 수 있는 질문을 한다면 아직 갈 길이 먼 것이다. '…왜? 라는 의문이 늘어나도록 공부하라'는 말을 듣고 질문을 찾아온 것에 불과하다. 이 같은 학생은 평소에 무언가에 대해서 의문스럽게 생각하고 직접 찾아본 경험이 거의 없다. 내가 "질문을 생각해온 점은 훌륭해. 하지만 그 질문에 대한 대답은 여기에 쓰여 있어"라고 말하면 "아, 정말이네요."라면서 놀란 표정을 짓는 것이 바로 그 증거이다.

그래서 이번에는 스스로 알아보는 것의 중요성에 대해서 말하려고 한다. 결과를 그대로 암기하는 상태에서 일보 전진하더라도 스스로 조사하지 못한다면 주체적으로 공부할 수 없기 때문이다.

수업 시간에 배운 내용에 대해서 스스로 더 알아본다.

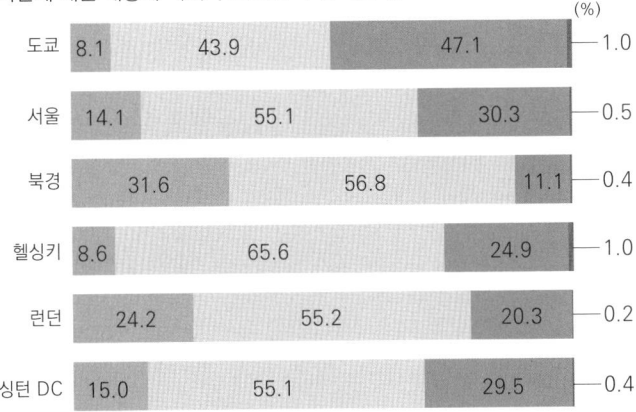

흥미가 생긴 내용에 대해서는 학교 공부와 관계없이 알아본다.

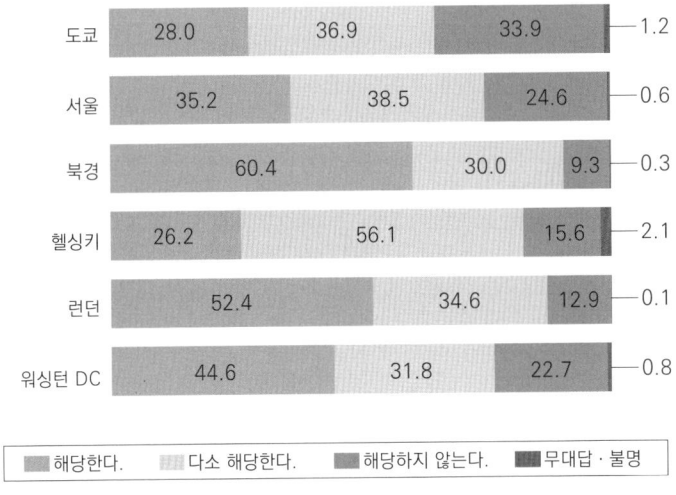

[출처: 베네세 교육종합연구소]
http://berd.benesse.jp/berd/center/open/report/gakukihon_6toshi/hon/hon_1_2_4/html

금방 답을 알 수 있는 간단한 문제는 그렇지 않겠지만, 신기하게도 무언가에 대해서 알아보기 시작하면 처음에는 자그마했던 의문이 점점 커지기 마련이다. 조사하는 동안에 '꼭 알고 싶다'라는 마음이 커져서 공부라는 것도 잊고 답을 구하는 데 열중하게 되기 때문이다. 이제 충분히 이해가 되지 않는가. **자기가 알고 싶은 것, 배우고 싶은 것을 직접 찾아보는 것이야말로 주체적 공부의 기본이다.**

　국제적으로 봤을 때 일본인이 스스로 알아보기에 소극적이라는 사실과 일본에서 특출한 재능을 지닌 사람이 잘 나오지 않는 사실은 절대 무관하지 않다고 나는 생각한다.

철저하게 조사한다.

　고등학교 시절에 나는 일요일이 되면 습관적으로 일주일 치의 질문을 들고 아버지의 서재로 갔다. 주로 수학, 물리, 화학과 같은 이과 과목에 관한 질문이었는데, 영어에 관해서 묻기도 했다.

　그러던 어느 날이었다. 영어 장문 문제에 붙어있는 일본어 해석이 내가 사전을 찾아가면서 해석한 것과 일치하지 않아서 "이건 어째서 이런 의미가 되는 거예요?" 하고 물었다. 그러자 아버지는 대답하지 않고 (실제로 몰랐는지도 모르겠다.…… 하하) "사전 좀 빌려줘 볼래?"라더니 사전을 뒤적이기 시작했다. 해당하는 단어가 나오는 부분을 차분히 읽더니 "여기를 보렴. 여기에 똑같은 의미의 문장이 실려 있구나!"라고 했다. 아버지가 손가락으로 가리킨 곳을 보니 확실히 구석에 비슷한 의미의 해석이 있었다. 나는 기껏해야 두꺼운 글씨로 표시된 의미밖에는 확인하지 않았기 때문에 놀랐다. "엇? 그렇게 밑에 나온 것까지 보세요?"라고 묻자 아버지는 담담한 표정으로 "그럼"이라고 했다.

갑작스럽지만, 새로운 연구에 착수하려는 학자가 제일 처음에 무엇을 하는지 아는가? 바로 자신의 연구 분야에 대해서 얼마나 알고 있는지를 철저하게 조사해보는 일이다. 실제로 논문에는 통상적인 연구 논문 외에 특정 분야의 동향을 저자의 관점에서 조사해서 정리·평가한 '서베이 논문(Survey Paper)'이라는 것이 있다. 자신이 관심을 두고 있는 분야의 '서베이 논문'을 발견했다면 그 연구자는 운이 좋은 것이다. 하지만 운이 좋든 나쁘든 철저하게 조사하는 것이 학자에게 있어서 기본 중의 기본인 것처럼 아버지에게는 사전을 구석구석까지 읽는 것이 당연했던 것이다.

어쨌든 고등학생 때 나는 꼼꼼하게 사전을 읽는 아버지의 모습을 보고 **'철저하게 조사하기'**의 중요성을 깨달았다. 그 후로는 영어에 대해서 아버지에게 묻는 일이 줄었다. 모르는 단어나 표현이 나오더라도 사전을 예문까지 꼼꼼하게 읽으면 대부분 알고 싶던 것을 알아낼 수 있었기 때문이다. 또, 문법은 사전만으로는 다소 부족해서 서점에 가서 두꺼운 문법서를 샀다. 그 문법서는 고등학생용의 참고서가 아니라 대학에서 영어를 배우는 사람을 보는 전공서에 가까운 것이었는데, 그 책을 찾아보면 의문에 대한 답을 모두 찾을 수 있었기 때문에 대단히 아껴서 사용했다.

좀처럼 답을 찾을 수가 없어서 **열심히 조사한 것은 답을 금방 찾은 것보다 기억에 남는다.** 앞서 설명한 바와 같이 조사하는 행위에는 '알고 싶다'는 생각을 키워주는 효과가 있어서 조사하면 조사할수록 알고 싶다는 생각은 커지기 마련이다. 결과적으로 답을 찾았을 때의 기쁨과 인상도 선명해져서 획득한 답은 잘 잊히지 않는다. 즉, **철저하게 조사하기에는 지식을 지혜로 승화시키는 효과도 있다.**

두말할 것도 없이 영어로 재미를 붙인 나는 다른 교과도 마찬가지로 교과서적인 참고서 외에 별도로 '조사'를 위한 두꺼운 전공서를 갖추고 공부를 했다.

조사할 때 참고할 수 있는 책을 준비한다.

오늘날에는 손쉽게 인터넷으로 검색할 수 있어서 '조사하기'의 장애물이 상당히 낮아진 것 같지만 인터넷상의 정보에는 그야말로 옥석이 혼재되어 있다. 특히나 비전문가 수준으로 찾아낸 내용이 옳은 정보인지 아닌지를 판단하기가 쉽지 않다.

이에 반해 옛날부터 전통적으로 읽혀온 서적에 실린 정보는 정밀도가 높다. 작가인 시바 료타로가 **"내게 학교란 아무런 존재 이유가 없다. 내게는 도서관과 헌책방만 있으면 그것으로 충분하다."**라고 말했던 것처럼 시대가 변하더라도 진정으로 좋은 책의 가치는 결코 떨어지는 법이 없다.

진지하게 공부하고 싶은 것이 있을 시에는 빠짐없이 머리에 넣어야 하는 교과서적인 책 외에 궁금증이 생겼을 때 찾아볼 수 있는 **비교적 두꺼우며 상세한 내용이 게재된 책**도 준비할 것을 권한다. 그리고 철저하게 조사해봄으로써 의문이 해소됐을 때의 기쁨도 아무쪼록 맛보기를 바란다. 이 습관이 몸에 밸 때쯤이면 당신에게 공부는 더는 괴로운 것이 아닐 것이다.

기억의 메커니즘

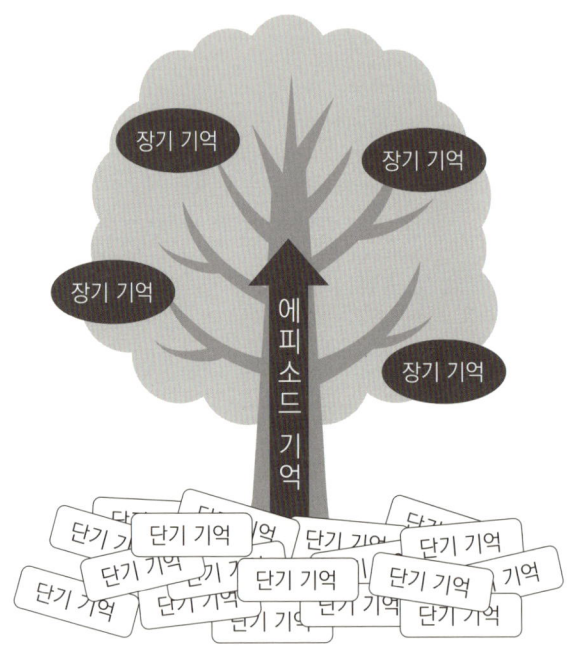

에피소드 기억으로
단기 기억을 장기 기억으로
변환하는 것이 열쇠!

앞서 말했다시피 나는 무척이나 암기력에 자신이 없었기 때문에 대학 수험을 앞두고 '단순 암기를 최소한으로 줄이기 위해서는 어떻게 해야 할까?'에 대해서 생각했다. 그리고 '암기할 항목 중에서 생각해보면 알 수 있는 것을 철저하게 가려낸다.'로 지식을 지혜로 승화시키는 나 나름의 공부법을 확립했다.

하지만 "그래도 역시 암기해야 하는 게 있어요!"라는 말하는 사람도 있을 것이다. 확실히 자격시험 및 입학시험의 공부를 할 때는 암기할 수밖에 없는 내용이 있는 것도 (안타깝게도) 사실이다. 그래서 암기력이 부족한 나도 효과를 봤던 기억술을 소개하려고 한다.

다만, 방법만을 열거하면 독자에게 그야말로 결과만을 암기시키는 결과가 되어 '기억방법이 기억이 안 나'는 어처구니없는 일이 벌어질지도 모를 일이다(웃음). 그래서 이번 장에서는 **두뇌과학과 심리학에 근거한 기억의 메커니즘**에 대해서 소개하고자 한다. 먼저 기억의 프로세스에 대해서 살펴보겠다.

기억의 3단계

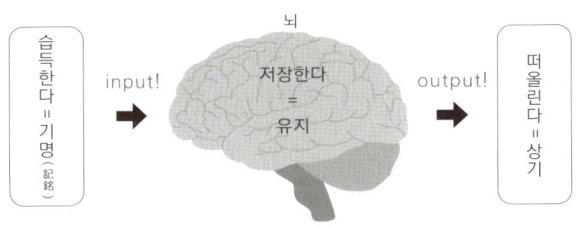

[출처: 기억법대전 (감수: 와다 히데키 / 디스커버 21)]

'정보를 습득한다.'→'정보를 유지한다.'→'정보를 떠올린다.' 기억의 과정에는 3단계가 있다. 이를 전문 용어로 **'기명'**, **'보유'**, **'상기'**라고 부른다. 상기는 다시 **'재생'**과 **'재인'**으로 나뉜다. 예를 들어 'preservation'이란 영어 단어의 의미를 힌트 없이 '보존'이라고 기억해내는 것은 재생이고, '표면·보존·회전' 중에서 하나를 고르는 것은 재인이다. 일반적으로 재인이 상기하기가 더 쉽다.

기억에서 중요한 것은 이 **3단계를 의식적으로 각각 강화**해나가는 것이다.

기억의 분류

159페이지의 그림과 같이 기억은 크게 나눠서 감각 기억, 단기 기억, 장기 기억의 세 가지로 분류된다.

감각 기억(Sensory memory)이란 감각기관에서 순간적으로 보관하는 기억으로 의식으로는 떠오르지 않는다. 감각 기억은 눈과 귀 등을 통해서 들어온 영상 및 소리와 같은 '입력 정보'를 거의 그대로 담아두지만 최대 1~2초밖에 유지되지 않는다. 예를 들어 집중해서 텔레비전을 보고 있을 때 아내가 "배고프지 않아?"라고 묻는다면 아마도 순간적으로 '뭐라고 했지?' 하고 생각할 것이다. 하지만 다시 묻지 않더라도 귓속에 남아있는 아내의 목소리를 순간적으로 재생해서 "뭐? 아~, 배고파"라고 대답할 수 있다. 이것이 감각 기억이다.

단기 기억(Short term memory)이란 들어왔다가 사라지는 다량의 감각 기억 중에서 일부에 의도적으로 의식을 기울임으로써 단기적으로 유지하게 되는 기억을 가리킨다. 단기 기억은 최대 2년간 유지된다는 주장도 있지만, 일반적으로는 수십 초에서 수 일 정도 밖에는 유지되지 않는 것으로 본다.

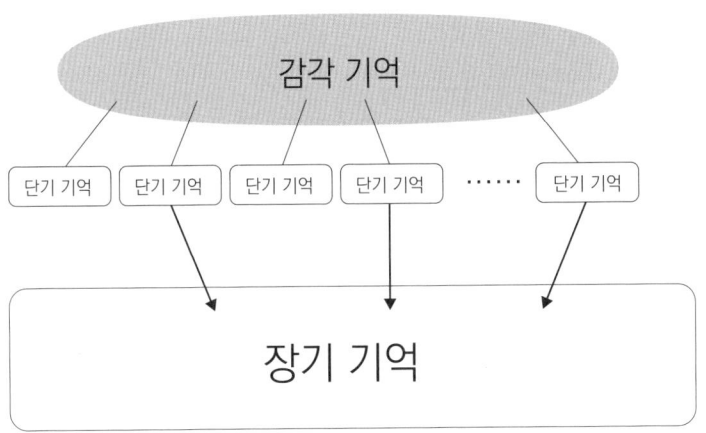

만일 인간에게 감각 기억밖에 없다면 몇 초 이상 계속되는 이야기를 듣더라도 이야기가 끝날 때쯤에는 이야기의 앞부분을 기억하지 못해서 이야기를 전체적으로 파악하지 못할 것이다. 하지만 실제로는 단기 기억이 있어서 이야기 내용에 주의를 기울이면 이야기가 다

소 길더라도 이해할 수 있다. 단기 기억은 말하자면 '점'인 '지금'을 이어서 '선'으로 만드는 데 필요한 능력이다.

하지만 단기 기억은 용량에 한계가 있다. 미국의 심리학자 조지 아미티지 밀러는 '**매지컬 넘버 7±2**(The Magical Number Seven, Plus or Minus Two)'란 논문을 통해 **단기 기억이 가능한 용량은 최대 7개 전후**라고 발표했다. 인간이 한 번에 기억할 수 있는 것은 숫자가 5~9자리, 사람 이름이 5~9명 정도가 한계라는 것이다. 확실히 번호를 듣고 (시외 국번 이후의) 7자리 정도의 전화번호로 몇 초 후에 전화를 거는 것은 가능하겠지만, 원주율처럼 맥락이 없이 이어지는 몇십 개의 숫자를 기억하는 것은 설령 그것이 5초라고 해도 보통은 불가능하다.

장기 기억(Long term memory)이란 단기 기억의 일부가 언어, 이미지, 상징 등으로 변환되어 장기간 유지되는 기억을 말한다. **장기 기억의 용량은 무한하며 기본적으로 평생 보존된다.** 내가 반복해서 말하고 있는 '잊으려야 잊을 수 없는 지혜'가 바로 장기 기억이다.

말할 것도 없이 우리가 공부하는 목적은 다름 아닌 **단기 기억을 장기 기억으로 변환**하는 것이다. 이에 장기 기억에 대해서 더욱 상세히 살펴보고자 한다.

장기 기억의 분류

장기 기억은 다음 페이지의 그림과 같이 분류된다.

비진술 기억이란 언어로 표현할 수 없는 기억으로 여기에는 **절차적 기억**(Procedural memory)**과 프라이밍 기억**(Priming memory)이 있다.

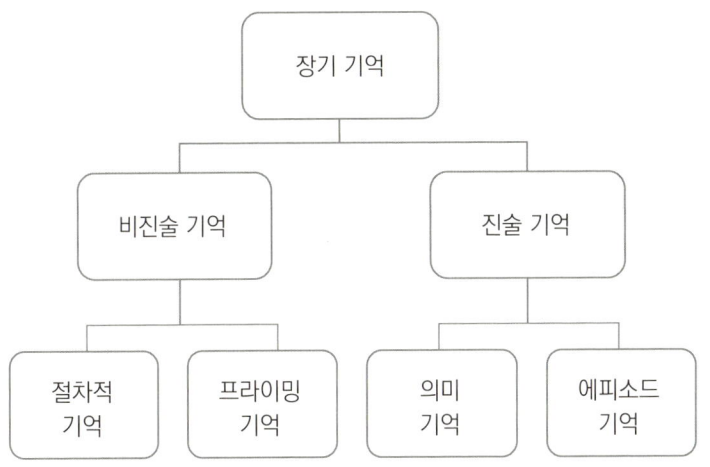

절차적 기억은 자전거 타는 법이나 수영하는 법과 같은 이른바 '몸으로 익히는 기억'이다. 이와 달리 'prime이란 사전 지식을 주다'는 뜻으로, **프라이밍 기억이란 사전에 어떤 것을 듣거나 보아두면 관련된 다른 것을 잘 떠오르는 것**을 말한다.

예를 들어서 연상 게임을 하기 전에 음식에 관한 이야기를 하면 '하얀 것'으로 주제를 잡았을 때 많은 사람이 '흰 쌀밥'이나 '떡'을 연상한다. 하지만 같은 '하얀 것'이라도 사전에 날씨에 관한 이야기를 하면 '구름'이나 '눈'이라고 대답하는 사람이 많아진다. 이는 선행 화제가 연상에 영향을 준다는 증거이다. 또한, 속독이 가능한 것도 프라이밍 기억의 효과 때문이다. 예를 들어 야구부 활동에 관한 글에서 '줍기'라는 글자를 보면 많은 사람이 '공 줍기'를 연상할 것이다. 프라이밍 기억이 있기 때문에 단어 하나하나를 꼼꼼하게 읽지 않고도 내용을 이해할 수 있어서 문장을 읽는 속도가 올라가는 것이다.

다음으로, 공부와 관련된 가장 중요한 장기 기억은 언어로 표현되는 **진술 기억**이다. 진술 기억은 **의미 기억**(Semantic memory)**와 에피소드 기억**(Episodic memory)의 두 가지로 분류된다.

의미 기억은 말 그대로 단어의 의미를 기억하는 것이다. '러시아의 수도는 모스크바'와 같은 객관적 사실과 '돌고래는 포유류'와 같은 정의가 이에 해당한다. **나도 그렇고 대부분의 사람이 어려워하는 '암기'가 바로 의미 기억**이다.

에피소드 기억이란 개인적으로 체험한 사건에 관한 기억이다. 예를 들어 '수박'이란 말을 듣고 '어렸을 때 수박을 떨어트려서 부모님께 혼났다'는 기억을 상기하는 것이 에피소드 기억이다.

의미 기억은 습득하고자 의식적으로 노력해야 하는 기억(단순 암기 늑통째로 암기하기)이기 때문에 반복해서 학습해야 하지만, **에피소드 기억은 한 번의 체험하는 것만으로 기억에 남는다.** 일반적으로 9살까지의 어린이는 의미 기억을 잘 기억하고, **언어 이해 능력이 발달한 어른은 에피소드 기억을 잘 기억한다**고 한다.

앞서 단기 기억을 장기 기억으로 변환하는 것이 공부의 목적이라고 말했는데, 어른인 우리가 지향해야 할 최종 목표는 '에피소드 기억'의 형태로 장기 기억에 비축하는 것이다. 이것이 가능하면 한 번, 혹은 적은 횟수의 반복으로 장기 기억에 기억을 정착 시킬 수 있을 것이다.

뇌가 기억하는 원리

마지막으로 기억을 유지하기 위해서 뇌에서는 어떤 활동이 이루어지는지에 대해서 잠시 살펴보겠다. 하지만 사실 뇌 내에서 새로운 기억이 어떻게 만들어지는지에 관해서는 아직 모르는 것이 많아서 새로운 연구 성과가 요구된다.

뇌에는 **뉴런(Neuron)**이란 방대한 수(백억~천억 개)의 신경세포가 있다. 우리가 생각하거나 기억하는 두뇌 활동에는 뉴런이 상호 정보를 전달하는 작용이 필요하다. 뉴런이 정보를 전달할 때 근접 뉴런과 결합하는 부분을 **시냅스**(Synapse)라고 부른다. 여담인데, 뇌가 노화하면 시냅스가 접속하지 못한다고 한다.

　단기 기억과 장기 기억은 모두 뉴런이 서로 시냅스로 이어졌을 때 생성된다. 다만, 단기 기억은 시냅스 활동이 일시적으로 강화되는 것만으로도 형성되는 데 반해, 장기 기억을 형성하기 위해서는 시냅스를 항구적으로 증강할 필요가 있다.

　이에 대해서 '세계 기억력 대회'에서 5년 연속으로 1위를 차지한 '기억 전문가'로 활동하고 있는 이드리즈 즈가이씨가 흥미로운 말을 했다. "정상적으로 기능하는 뇌는 중요하지 않은 정보를 정리해 버려요. 정보가 중요하다고 판단되면 뉴런끼리 강하게 연결되죠. 그럼 뇌는 무엇을 '중요하다'고 판단할까요? 그것은 바로 정보가 뇌에 바람직한가, 그렇지 않은가. **다시 말해서 즐거운가, 그렇지 않은가. 즉, 즐겁게 기억하면 뉴런 상호 결합이 강해져서 보다 기억이 잘 정착됩니다.**" 즈가이씨의 의견을 통해서도 공부는 역시 즐기면서 해야 한다는 것을 알 수 있다.

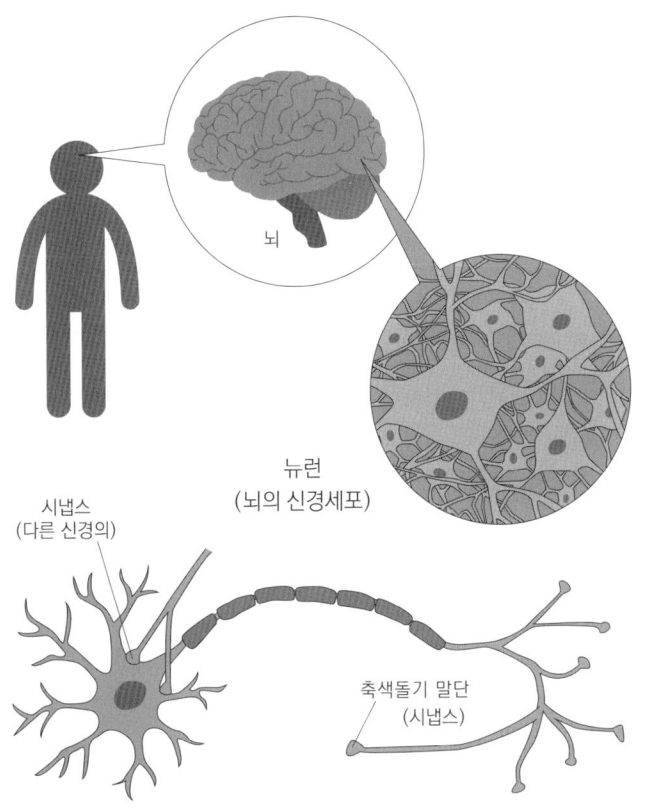

[출처: ARU NUERO http://www.si.hirosaki-u.ac.jp/~ei_sys/neuro/neuron.html
국립 유전학 연구소 http://www.nig.ac.jp/Research-Highlights/379/381.html]

 기억의 메커니즘에 관한 '공부'는 이것으로 마치겠다. 하지만 기억과 뇌의 작용에 관한 학설이 계속해서 새롭게 발표되고 있으므로 궁금한 사람은 아무쪼록 조사해보길 바란다. 그럼 다음 장에서는 '기억력을 높이는 7가지 포인트'에 대해서 이야기하겠다.

기억력을 높이는 7가지 포인트

《기억에 필요한 7가지 성질》

① 의미를 안다.
② 규칙이 있다.
③ 연상할 수 있다.
④ 이미지화 할 수 있다.
⑤ 관심이 간다.
⑥ 재미있다.
⑦ 확인할 수 있다.

기억에 필요한 7가지 성질을 알면
기억술 마스터가 될 수 있다.

이번 장에서는 미국 심리학자 케네즈 히그비씨가 제창한 **'기억력을 높이는 7가지 포인트'**를 소개하겠다. 히그비씨에 따르면 '의미를 아는 것', '규칙이 있는 것', '다른 것을 연상하기 쉬운 것', '이미지(영상)가 떠오르는 것', '주의를 기울였던 것', '재미있는 것', '기억한 사실을 확인할 수 있는 것'이 기억에 강하게 남는다고 한다. 기억해야 하는 것을 이렇게 변환하기 위한 포인트는 다음과 같다. 다음은 각각 유명한 기억술과도 관련된다. 이번 기회에 항간에서 소문난 기억술을 모두 정리하겠다.

기억력을 높이는 7가지 포인트
(1) 유의미화
(2) 조직화
(3) 연상
(4) 영상 이미지화
(5) 주의
(6) 흥미
(7) 피드백

여기에서는 'subordinate(동사: 종속시키다)'란 영어 단어를 일례로 설명하겠다.

(1) 유의미화

'subordinate'란 단어는 다소 어려운 단어이다. 이 단어가 낯선 사람도 많을 것이다. 11개의 철자로 이루어진 단어인데 이 단어를 기계적으로 외우는 것은 결코 쉬운 일이 아니다. 그래서 이 단어를 몇 개 부분으로 나눠서 각각의 의미를 생각해보겠다. 앞쪽의 'sub'는 '아래의'라는 의미를 지닌다. 다음으로 이어지는 'ordin'은 '순서'란 의미이다. 그리고 마지막으로 'ate'는 동사 및 형용사를 만드는 접미어이다. 즉, 'subordinate'는 '아래로 순서에 맞춰서 늘어서다'란 의미를 지닌 동사 혹은 형용사이다. 이렇게 단어를 구성하는 작은 부분의 의미를 살펴보면 'subordinate'라는 단어 전체가 '종속시키다'란 의미가 되는 것을 더 쉽게 이해할 수 있다. 'subordinate'가 무의미한 11개의 철자 나열이 아니게 되어서 훨씬 기억하기 쉬워지기 때문이다.

(2) 조직화

'subordinate'를 단독으로 암기하는 것보다 'sub'라는 접두어를 가진 다른 단어와 같이 외우면 훨씬 기억에 잘 남는다. 예를 들어 'subliminal(의식의 아래→무의식의)', 'submit(아래쪽에서 위쪽으로 올리다→제출하다)', 'subscribe(신청용지 등의 아래에 적다→서명하다)' 등을 정리해서 조직적으로 머리에 넣으면 'sub'란 접두어로 시작하는 단어에는 '아래'라는 의미가 있다는 것이 더욱 인상에 강하게 남아서 잘 잊히지 않게 된다.

(3) 연상

'sub'가 '아래의'라는 의미라는 것을 이미 여러분도 잘 알고 있는 'subway(지하철)'로 연상하면 더욱 잘 정착시킬 수 있다. 또, 일본에서는 항상 후보 선수인 사람에게 '저 녀석은 만년 서브다'라고 표현한다. 이걸 떠올리면 'sub'='아래의'가 훨씬 잘 생각날 것이다. 'ordin'의 뜻이 순서라는 것도 'order(순서·질서)'를 연상하거나, '배팅 오더'가 야구의 타순을 나타낸다는 걸 연상해 인상을 강하게 할 수 있다.

덧붙여서 말하자면 유명한 기억술은 대부분 '연상'을 이용한다. 필시 가장 고전적인 기억법일 **장소법**은 실제로 존재하는 장소, 혹은 가공의 장소를 떠올리고 거기에 번호를 매기고 기억하고 싶은 것을 번호순으로 머릿속에 넣어두는 방법이다. 이는 **장소의 이미지와 기억하고 싶은 것을 연상으로 결합해 기억하는 방법이다.** 예를 들어 당신은 '감자, 당근, 가지, 토마토, 오이'의 5가지 야채를 기억하고 싶다. 장소법을 사용한 기억법은 다음과 같다.

당신은 대개 귀가하면 먼저 방에 들어가서 옷을 벗고, 화장실에 가서, 세면대에서 이를 닦고, 거실로 가서 잠시 쉬었다가, 침실로 들어간다.

①방→②화장실→③세면대→④거실→⑤침실

이에 '기억하고 싶은 5가지 야채'를 배치하는 것이다.

①감자➞②당근➞③가지➞④토마토➞⑤오이와 같이 말이다. 각각의 장소에 각각의 야채가 놓인 장면을 이미지 하면 귀가 후의 행동 패턴을 떠올리면서 5가지 야채도 기억해낼 수 있다.

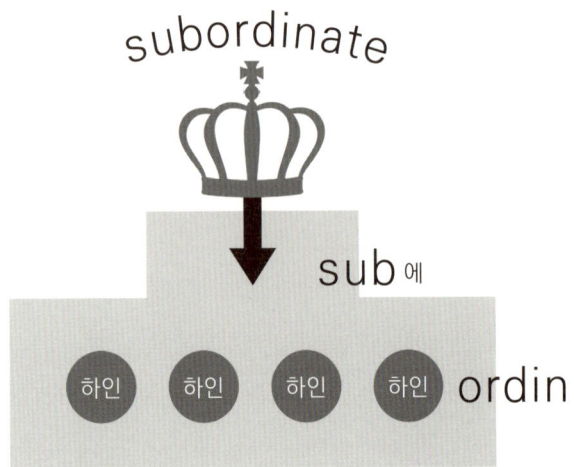

또, '두문자법'은 기억하고 싶은 것의 앞 글자를 따서 의미 있는 단어를 만드는 방법이다. 그 밖에 역사적 사건이 발생한 연도를 언어유희를 이용해서 기억하는 것도 대표적인 예이다.

(4) 영상 이미지화

기억하고 싶은 것에 시각적인 이미지(영상)를 더하면 기억 정착률이 훨씬 높아진다. 'subordinate'에 위의 그림과 같은 이미지를 더하면 더욱 잊을 수 없는 단어가 될 것이다.

유명한 기억법에 **'이야기법'**이 있다. 예를 들어 '개, 꿈, 자동차, 하늘, 미국'이란 5개의 단어를 기억하고 싶다. 5개의 단어에는 맥락이 없지만 이 단어로 "**개**가 **꿈**에 나왔다. 꿈에서 개가 **자동차**를 운전했는데 어찌 된 일인지 자동차가 **하늘**을 날아서 **미국**까지 날아갔다"는 이야기를 만들면 인상 깊게 기억에 남는다. 왜냐하면 이야기를 생각하면 자연스럽게 영상이 떠오르기 때문이다. 개가 운전하는 자동차가 하늘을 나는 모습이 떠오르지 않았는가?(웃음)

(5) 주의

이건 당연하다면 당연한 말인데 애초에 'subordinate'란 단어에 주의를 기울이지 않으면 이 단어를 기억할 수 없다.

나는 일전에 레스토랑에 가려고 택시를 탔다가 물건을 두고 내린 적이 있다. 영수증이 없어서 "그게……, 노란색 택시였던 것 같아요……"라고 말했더니 레스토랑 직원이 차제가 노란색인 택시 회사 몇 군데에 전화를 걸어주었다. 하지만 공교롭게도 택시를 찾지는 못했다. 실망하고 있었는데 잠시 후에 친절한 택시 운전사가 물건을 레스토랑으로 가져다주었다. 인사를 하려고 밖으로 나와서 보니 택시는 흰색 바탕에 파란색 선이 들어간 것이었다. 이처럼 (애초에 내가 부주의한 것이 문제이지만) 조금 전에 탔던 택시의 색조차도 주의를 기울이지 않으면 기억할 수가 없는 법이다.

(6) 흥미

흥미 있는 것에는 주의를 기울이게 되므로 기억할 내용에 흥미를 갖거나 재미있다고 생각하면 기억에 더 잘 남길 수 있다. 단어집에 들어있는 'subordinate'라는 단어를 의무감으로 외우려면 좀처럼 머리에 들어가지 않겠지만, 'Art is sometimes subordinate to Science'란 영문 안에 들어있는 'subordinate'를 보고 '예술은 때때로 과학에 ○○된다? 뭐지?'하고 영문의 내용을 알고 싶다고 생각하면 훨씬 흥미를 갖게 될 것이다. 그래서 뜻을 찾아보고 '아아, "종속된다."는 뜻이구나!'하고 알게 되면 강한 인상이 남아서 더 쉽게 기억하게 된다. 일반적으로 단어장에 있는 단어보다 긴 문장 속에 있는 단어를 더 잘 기억하게 되는 것은 이 때문이다.

또, 앞서 설명했던 '이야기법'에서 예로 들었던 '개가 자동차를 운전한다.'는 이야기도 만화적이고 재미있어서 '개가 자동차에 실려 있다.'는 있을 법한 이야기보다 훨씬 기억에 잘 남는다.

(7) 피드백

피드백이란 출력(결과)을 입력(원인)으로 되돌리는 것을 말한다. 기억에서 '피드백'이란 기억한 것을 평가받는 것이다.

'subordinate'를 암기한 후에 이 단어의 의미를 묻는 테스트를 받는 것이 기억 피드백에 해당한다. 기억에서 피드백은 2가지 점에서 중요하다. 하나는 기억 여부를 확인함으로써 '나는 "subordinate"를 제대로 기억하고 있나?'하고 **기억 대상에 지속적인 흥미를 갖는다는 점이다. 그리고 다른 하나는 가령 틀렸을 경우에 잘못을 정정하기 위해서 노력하려는 동기로 이어진다는 점이다.** 다만, 학습자가 미숙한 경우에는 피드백으로 기억 여부를 확인하더라도 효과가 낮을 수 있다.

그러한 경우에 취할 수 있는 학습법에 **에러레스 학습**(Errorless learning)이 있다. 에러레스 학습에서는 통상적으로 객관식 문제를 사용한다. 처음에는 정답에 미리 표시되어 있으므로 학습자는 쉽게 답을 찾을 수가 있다. 그리고 연습문제를 계속 반복하는 사이에 서서히 표시를 없애는 것이다. 이런 단계를 밟음으로써 학습자는 시행착오를 하는 피드백 기간을 단축할 수 있다. 이른바 '공문식' 프린트로 처음에 답이 흐린 글자로 쓰여 있는 것도 에러레스 학습의 일례이다.

이상으로 케네즈 히그비 씨가 제시한 '기억력을 높이는 7가지 포인트'에 관한 해설과 관련되는 기억법 소개를 마치겠다. 다음 장에서부터는 본격적으로 내가 실천해온 '나가노식 기억법'을 소개하겠다.

참고 : 《세상에서 제일 알기 쉬운 영어 단어 수업》, 세키 마사오, 츄케이출판

나가노식 기억술①
(스토리 기억법)

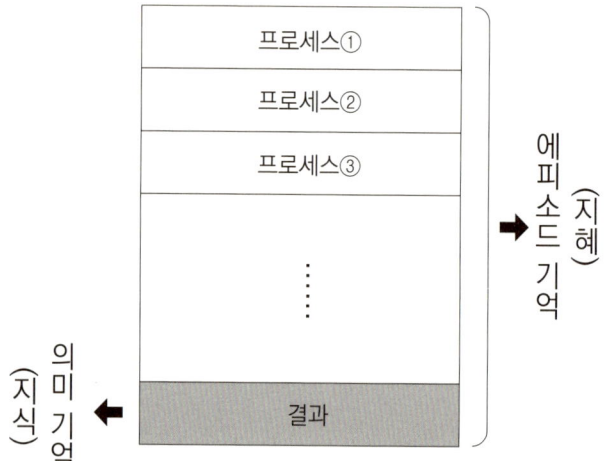

프로세스를 포함해서
전체를 스토리로 만들면
잊히지 않는 지혜가 된다.

스토리 기억법

그런데 당신은 어떤 영화를 좋아하는가? 혹은 어떤 소설을 좋아하는가? 물론 내게도 좋아하는 영화와 소설은 있지만 몇 번이나 반복해서 보거나 읽은 작품은 많지 않다. 좋아하는 영화와 소설 가운데 대부분은 한 번 보거나 한 번 읽었을 뿐이다. 하지만 마음에 드는 영화와 소설 줄거리는 일부러 암기하지 않고도 자연스럽게 떠올려서 누군가에게 이야기할 수가 있다. 이런 경험은 당신에게도 있을 것이다.

앞장에서 '에피소드 기억'에 대해서 소개했는데, 같은 장기 기억이라도 몇 번씩 반복이 필요한 '의미 기억'과는 달리 **'에피소드 기억'은 공부라는 관점에서 봤을 때 딱 한 번 경험한 것만으로도 평생 기억되는 멋진 기억**이다.

우리는 **영화와 소설을 접하면 이야기 속에서 일어난 사건을 실제처럼 체험한다.** 이 '체험'이 바로 '에피소드 기억'으로 이어지는 것이다. 평생 잊을 수 없는 지식, 즉 지혜를 비축하기 위해서는 이것을 반드시 이용해야 한다.

내가 재차 삼차 '결과가 아니라 과정을 보자'라고 강조했던 것도 학습 대상에서 이야기를 만들어내기 위해서이다. 그럼 공부에서 스토리란 무엇일까? 수학으로 말하자면 스토리는 정리와 공식 증명이고, 해법은 행간이다.

이처럼 기억해야 할 대상에 스토리를 입히고 그 스토리를 체험함으로써 '**에피소드 기억**'으로 장기 기억화 하는 방법을 나는 '**스토리 기억법**'이라고 부른다. 그럼 실제로 다음의 암기 과제를 '스토리 기억법'으로 극복해보자.

암기 과제

> 아침 무지개는 비, 저녁 무지개는 맑음

아침에 무지개가 뜨면 비가 오고 저녁에 무지개가 뜨면 날이 맑다는 이야기를 다들 이미 잘 알고 있겠지만 여기에서는 모른다고 해보자. 또, 실제로 무지개를 보고 날씨를 맞혔던 '에피소드'도 없었다고 하자.

그렇다면 당신은 이 정보를 '장기 기억'으로 정착시킬 자신이 있는가? 나는 없다. 지금 당장은 괜찮아도 예를 들어 1개월이 지난 후에는 '어? 아침 무지개가 비였나? 맑음이었나?'라고 할 것 같다. 그래서 나는 정보에 스토리를 붙인다. 즉, **프로세스에 주목**하는 것이다.

우리나라 상공에는 거의 일 년 내내 서쪽에서 동쪽으로 '편서풍'이 분다. 다들 들어봤을 것이다. 이 편서풍으로 인해 구름은 끊임없이 서쪽에서 동쪽으로 이동한다. 일기예보를 보면 날씨는 서쪽에서 먼저 변화가 시작되는 것을 알 수 있는데 이는 편서풍이 불기 때문이다.

또, 무지개는 공기 중에 있는 물방울(빗방울 등)에 태양 빛이 반사되어 나타나는 것이다. 그러고 보면 무지개는 대개 비가 그친 후에나 호스로 물을 뿌린 직후에 나타난다. 즉, 무지개가 떴다는 건 그쪽의 공기가 다량의 수분을 함유하고 있다(습도가 높다)는 증거이다.

게다가 아침 무지개는 동쪽으로 떠오른 태양 빛으로 인해 서쪽에 뜬다. 반대로 저녁 무지개는 서쪽에 있는 태양 빛에 반사되어 동쪽에 뜬다. 여기까지를 스토리로 만들어 보겠다.

아침, (서쪽 하늘에) 무지개가 뜬다→서쪽 공기가 다량의 수분을 함유하고 있다→편서풍이 분다.→공기는 서쪽에서 동쪽으로 이동한다→수분 함량이 높은 공기가 다가온다→**비가 온다**

저녁에 무지개가 뜬다→동쪽 공기가 다량의 수분을 함유하고 있다→편서풍이 분다→수분 함량이 높은 공기가 떠난다→**날이 맑다**

어떤가? 스토리가 이해가 됐는가? **이해가 됐다면**(이해했는지는 남에게 설명할 수 있는가?로 판단하라) **당신은 위의 스토리를 '체험'한 것이다.** 그럼 이미 '아침 무지개는 비, 저녁 무지개는 맑음'은 장기 기억에 저장된 것이다. 이 정보를 잊는 일은 없을 것이다.

지식을 머리에 채우는 방법을 '기억법'이라고 한다면 '스토리 기억법'은 기억법이라고 할 수 없을지도 모른다. 하지만 지식을 지혜로 승화시켜서 평생 잊히지 않도록 머리에 저장하는 방법까지도 '기억법' 범주에 들어간다면 **'스토리 기억법'은 틀림없는 최고의 기억법이다.** 스토리 기억법은 많은 사람이 암기해야 할 지식으로 생각하는 것을 '생각해보면 알 수 있는 것'으로 분류해서 지혜로 바꾸는 기술이기도 하다.

나가노식 기억술 ②
(덩굴식 기억법)

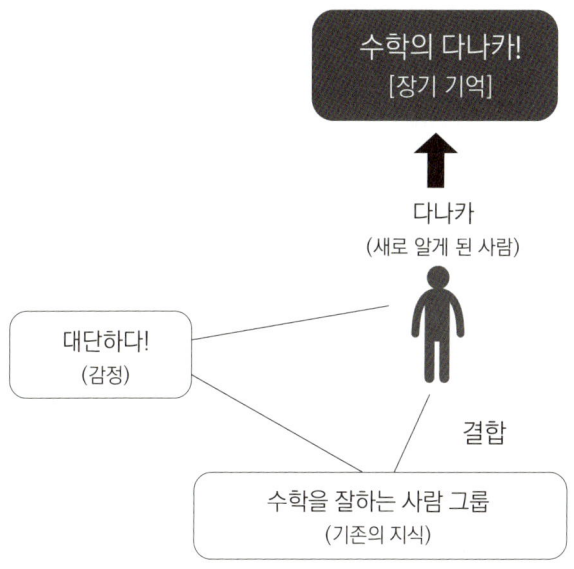

새로운 지식은 감정과 함께
'기존의 지식'에 결합시킨다.

계속해서 암기 과제를 한 번 더 연습해보겠다.

암기 과제

> 다음의 행정 구역을 암기하시오.
>
> 서울특별시, 부산광역시, 인천광역시, 대전광역시, 대구광역시, 울산광역시, 광주광역시, 세종특별자치구, 강원도, 경기도, 충청북도, 충청남도, 경상북도, 경상남도, 전라북도, 전라남도, 제주도

행정 구역의 개수는 17개이다. 이번 과제는 여러 개의 고유명사이기 때문에 '스토리 암기법'으로는 다소 어려움이 있다. 무리해서 각각의 행정 구역을 여행하는 이야기를 창작할 수도 있겠지만 틀림없이 무척 힘들 것이다. 17개는 단기 기억의 한도인 매직 넘버 7도 넘기 때문에 설령 5분간이라도 이를 통째로 암기하는 건 간단한 일이 아니다.

하지만 만일 당신이 야구를 좋아한다면 그다지 어려운 일이 아닐 수도 있다. 사실 암기 과제에 열거된 **17개의 행정 구역을 프로 야구 팀 10개의 연고지와 관련지으면 쉽게 기억 할 수 있다.**

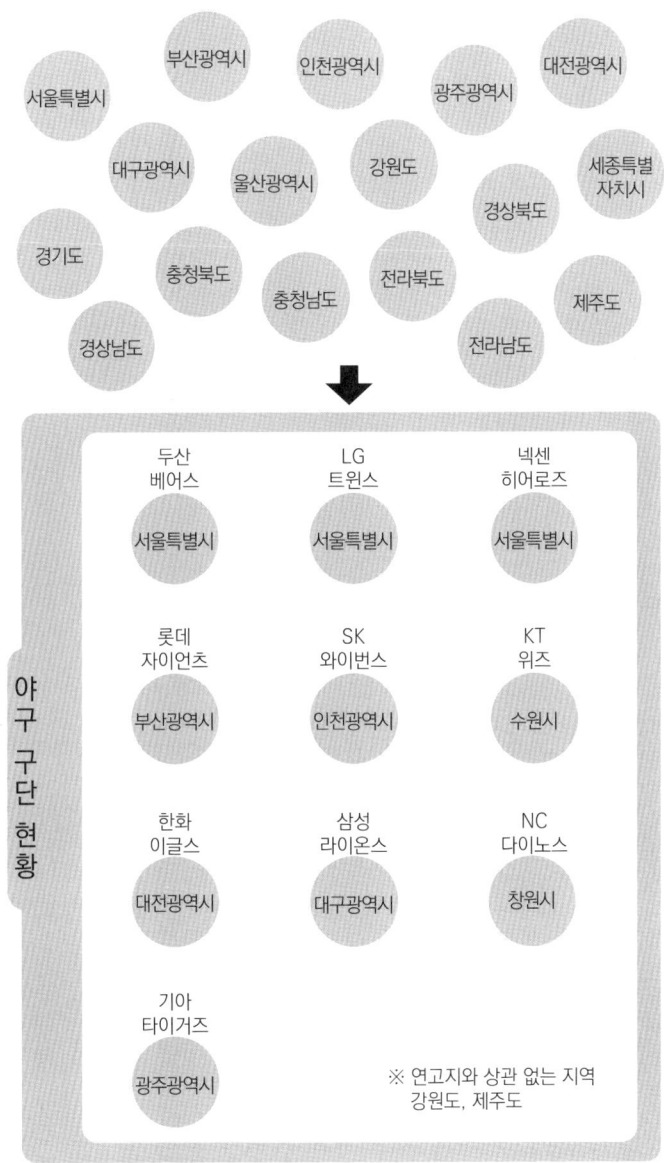

덩굴식 기억법

맥락이 없는 17개의 고유명사를 암기하지는 못하더라도 '프로 야구팀을 갖고 있다'는 정보가 더해지면 (프로 야구팀에 관한 지식이 필요하겠지만) 순식간에 이 17개의 단어를 외우는 것이 간단해진다. 17개 행정 구역의 이름은 프로 야구팀과 결합되고, 또 프로 야구팀은 '프로 야구'란 테두리 안에서 정리되기 때문이다.

이렇게 **새로운 지식을 기존에 머릿속에 있던 지식과 결합해서 기억하는 방법을 나는 '덩굴식 기억법'**이라고 부른다. 새롭게 배운 지식을 기존의 지식과 어떻게 연결시킬 것인가를 생각하는 것은 대단히 중요하다. 머릿속에서 다른 정보와 관련지어진 지식은 기억의 그물에서 빠져나갈 가능성이 극단적으로 낮아진다. 하지만 다른 정보로부터 고립된 지식은 기억의 바다에서 물거품이 되어 사라져버린다. 머릿속에서 지식을 하나씩 건져 올리기는 건 쉽지 않지만, 지식이 다른 지식과 연결되어 있으면 비교적 간단하게 떠올릴 수가 있다.

'기억의 메커니즘'에서 기억에는 '기명'→'유지'→'상기'의 3단계가 있다고 소개했는데 이 **덩굴식 기억법이 힘을 발휘하는 것은 '상기'의 단계**, 즉 기억했던 것을 떠올릴 때이다.

덩굴에 감정을 넣자.

덩굴식 기억법을 보다 강력하게 만드는 데 있어서 중요한 것은 그 안에 '에피소드 기억'을 섞는 것이다. 기억하고 싶은(떠올리고 싶은) 대상에 대해서 당신이 느꼈던 **'감정'을 넣으면 이 덩굴의 끄트머리를 잃어버리는 일은 없을 것이다.**

앞서 살펴봤던 17개 행정구역과 프로 야구팀을 연결한 덩굴은 프로 야구에 관심이 없는 사람에게는 이해하기 쉬운 예가 아니었을 것이다(미안하다). 하지만 프로 야구에 흥미가 있고 각 팀이 본거지로 삼고 있는 구장과 관련된 "대구구장에서 봤던 이승엽(현 삼성 소속)선수의 당시 아시아 최고 기록인 한 시즌 56홈런은 잊을 수가 없어"와 같은 '에피소드 기억'을 가진 사람에게는 대단히 강력한 덩굴이 될 것이다.

'기억에 필요한 7가지 성질'에 '재미있다'는 항목이 포함된 것을 보더라도 알 수 있듯이 **감정 작용은 기억을 촉진하는 데 있어서 대단히 중요하다.** 이런 말을 하면 "공부로 암기해야 할 사항에 특별한 감정 같은 건 없는데요!…"라고 할 수도 있다. 그렇다면 그건 **프로세스를 보는 눈이 아직 길러지지 않았다는 증거이다.** 결과가 무기질과 같은 따분한 것일지라도 그 결과에 이르는 프로세스에는 인간미가 넘치는 드라마가 들어있는 법이다.

예를 들어 수학의 '직각삼각형의 정리=피타고라스 정리(직각으로 만나는 두 변의 길이가 a와 b인 직각삼각형의 빗변의 길이를 c라고 하면 $a^2+b^2=c^2$가 성립한다는 정리)' 자체는 무미건조하다. 하지만 피타고라스가 고향 사모스 섬의 헤라 신전을 걷고 있을 때 발밑에 있었던 타일의 모양을 보고 이 증명을 생각해냈다는 이야기는 대단히 드라마틱하다고 나는 생각한다.

또, 수학의 다른 장면에서 ' 및 원주율 π처럼 분수로 나타낼 수 없는 수를 무리수라고 한다.'라는 것을 배웠다고 하자. 이 자체는 아무런 재미도 없다. 하지만 무리수의 역사에 대해서 조금만 알아보면 히파수스라는 다소 특이한 이름을 가진 사람에 맞닥뜨리게 된다.

히파수스는 피타고라스의 제자였다. 그는 스승이 증명한 '피타고라스 정리'를 사용해서 아무리 해도 직각으로 만나는 2변의 길이가 1인 직각이등변삼각형의 빗변의 길이를 분수로 나타낼 수 없다는 것을 발견했다(답은). 하지만 이 사실은 '만물은 분수(비)로 나타낼 수 있다'는 '피타고라스 교단'의 교의에 위반되었기 때문에 어이없게도 히파수스는 교단의 선배에게 살해된다.

이 이야기를 알게 되면 무리수와 피타고라스 정리가 덩굴로 연결되게 된다. 그뿐만이 아니라 자연스럽게 '말도 안 돼!'란 감정을 품거나 혹은 '진실을 발견했는데 살해하다니 히파수스가 불쌍해'란 생각을 하게 된다.

어떤 생각을 하던 덩굴 속에 이런 스토리, 즉 '에피소드 기억'이 들어가면 이와 연결된 여러 가지는 더 쉽게 떠오르게 된다.

'뇌의 가소성'을 유효하게 사용하자.

이미 눈치 챘겠지만 덩굴식 기억법은 앞장에서 소개한 '장소법' 및 '두문자법'과 마찬가지로 '연상'을 이용한 기억법이다.

그런데 도대체 왜 연상되는 것은 기억이 잘 나는 걸까? 그건 **뇌에는 가소성이란 성질이 있기 때문이다.** '가소성'이란 건 어려운 말인데, 외부에서 힘을 가해서 형태가 변형되면 그 후에 힘을 제거하더라도 형태가 원래대로 돌아오지 않는 성질을 말한다. 예를 들어 점토에는 가소성이 있지만 물에는 가소성이 없다.

뇌(정확하게는 뉴런의 결합부인 시냅스)도 외부 자극으로 변화가 발생하면 변화된 상태를 유지하려는 작용, '가소성'을 가진다. **연상이 기억에 커다란 힘을 발휘하는 것은 이전의 뇌에 넣은 정보에 새로운 정보를 관련지으면 뇌는 기억하고 있던 정보에 변화가 발생했다고 판단하고 변화를 단단하게 유지하려고 하기 때문이다.**

전술한 바와 같이 단기 기억의 용량에는 매직 넘버 7이란 한도가 있지만, 장기 기억에는 한도가 없다. 하지만 아무리 무한히 '기명(인 풋)'을 할 수 있다고 해도 필요할 때에 필요한 것을 '상기(아웃풋)'하기 위해서는 역시 다양한 정보를 '덩굴'로 연결할 필요가 있다. **새로운 지식과 오래된 지식을 '연상'이란 실로 연결하면 연결할수록 뇌가 갖는 가소성도 유효해진다.**

학교를 졸업하고 몇 년이 흐른 후에 길에서 우연히 동창생을 만났는데 아무리 생각해도 이름이 떠오르지 않았던 경험이 있지 않은가? 얼굴은 당연히 아는 얼굴이다. 어쩌면 같이 문화제 준비를 했던 에피소드가 있는지도 모른다. 그런데도 이름이 떠오르지 않는 것은 **그 사람의 이름을 머릿속에 있던 기존의 지식과 연결해두지 않았기 때문이다.**

가령 그 사람의 이름이 다나카이고 수학을 잘했다고 해보자. 만일 당신이 당시에 다나카를 마음속으로 '수학을 잘하는 사람' 카테고리에 연결하고, 또 '다나카는 대단해!'라는 감정까지 추가했더라면 '수학을 잘하는 다나카'를 잊을 가능성은 훨씬 적었을 것이다.

기억은 '상기'할 수 있는 형태로 '저장'하지 않으면 의미가 없다. 이를 위해 감정을 곁들인 '덩굴식 기억법'을 부디 활용하길 바란다.

나가노식 기억술 ③
(노래 개사하기, 언어유희, 오감 활용, 반복)

《도저히 기억이 나지 않을 때는……》

- 노래 개사하기
- 언어유희
- 오감 활용
- 반복

어떤 방법을 쓰든 '즐거움'을 잊지 말자.
'반복'은 효율이 높은 스케줄로 시행하자.

지금까지 소개한 '스토리 기억법'과 '덩굴식 기억법'을 이용하면 암기가 필요한 공부의 상당한 부분을 커버할 수 있다. 하지만 자격시험 공부의 경우에는 두 가지 방법이 모두 통용되지 않는 경우가 간혹 (유감스럽게도) 있다. 이번 장에서 소개할 방법은 그런 '난적'까지도 머리에 넣을 수 있는 다소 지구력을 요구하는 기억법이다.

모두 기억력에 자신이 없는 내가 실천해보고 효과를 실감한 방법이니까 '도저히 못 외우겠어!'라며 포기하고 싶을 때 시험해보길 바란다.

개사 기억법

세계사를 공부하다가 내가 곤욕스러웠을 때는 역대 미국 대통령의 이름을 외워야 했을 때였다. 워싱턴, 애덤스, 제퍼슨, 매디슨······으로 시작해서 당시의 대통령이었던 제41대 대통령 부시(아버지)까지 순서대로 외우기가 너무 어려웠다. 40개 이상의 고유명사를 순서대로 그냥 평범하게 해서는 (특히나 나로서는) 도저히 외울 수 있을 것 같지가 않았다.

그래서 착안한 것이 **'개사'**였다. 나는 역대 대통령 일람을 당시에 유행하던 노래에 차례대로 대입했다. 당연히 처음에는 생각처럼 잘 되지 않았다. 글자가 넘치기도 하고, 멜로디가 부족하기도 했다. 10곡 이상은 시험했던 것 같다. 그리고 나는 마침내 딱 들어맞는 곡을 찾을 수 있었다! 다이지MAN 브라더스 밴드의 '그게 중요해'란 곡이었다. 나와 동년배인 독자라면 추억이 새록새록 떠오르는 곡일 것이다.

노래를 아는 독자는 한 번 불러보길 바란다. 앞부분의 '지지 않는 것, 포기하지 않는 것, 도망가지 않는 것, 끝까지 믿는 것'이 '워싱턴, 애덤스, 제퍼슨, 매디슨, 먼로, 애덤스, 잭슨'에 딱 들어맞는다(웃음). 나는 흥분했다. 그리고 마지막의 '부시'를 가사 마지막에 딱 (다소 무리가 있었지만) 맞췄을 때는 뛸 듯이 기뻤다.

'**개사 기억법**'에는 두 가지 이점이 있다. 하나는 '**즐겁다**'는 것이다. 40개의 고유명사를 단순히 외우려면 고통스럽지만, **노래를 개사하는 작업은 공부라는 것을 잊을 만큼 즐겁다.** 반복해서 말하는데 **즐거운 기분으로 기억한 것이 기억에 잘 남는다.**

'개사 기억법'의 또 다른 이점은 바로 '리듬이 있다'는 점이다. 음악 멜로디를 기억하는 능력은 다른 동물에게는 없는 인간 고유의 능력으로 그중에서도 리듬을 기억하는 힘이 그 근원을 이룬다. 5·7·5의 리듬을 지닌 하이쿠를 비롯한 운율이 있는 시가 외우기 쉬운 것도 리듬이 있기 때문이다. 또, 원주율을 암기하는 것으로 세계 기록을 수립한 하라구치 아키라 씨도 (언어유희를 바탕에 두고) 리듬을 활용하는 것이 요령이라고 했다.

언어유희 기억법

고유명사와 수학을 기억할 때 기본이 되면서도 동시에 강력한 효과를 발휘하는 것이 바로 '언어유희'이다. 대학원생 시절에 나는 일본 소믈리에협회의 공인 와인전문가 자격증을 땄다. 이 시험을 돌파하기 위해서는 "전화번호부가 따로 없네"라는 말이 절로 나오는 두꺼운 책을 통째로 외워야 한다. 당연히 책에는 지명, 포도 품종, 제작자 등등의 고유명사가 가득 실려 있었다.

그래서 나는 **'언어유희'**로 극복하기로 했다. 예를 들면 이런 식이다.

문제) 보르도의 5대 샤토는?
정답) 라투르, 라피트(로쉴드), 오브리옹, 마고, 무똥(로쉴드)
언어유희 문장) 라디오를 틀어놓고 스피드하게 오븐으로 마구 무채를 올린
똥모양의 빵을 구웠다.

문제) 코트 뒤 론(프랑스)의 주요 백포도 품종은?
정답) 비오니에, 루산느, 피카르뎅, 클레레트, 마르산, 위니블랑

언어유희 문장) 비 오는 날, 루돌프와 피카소와 클레오파트라와 마르코폴로가 모여서 위트 넘치는 뒷담화를 했다.

이 언어유희문장을 와인 학교의 친구들에게도 알려줬더니 상당히 반응이 좋았다. "책으로 내면 잘 팔릴 거야!"라고 호평을 해주었다(웃음). 언어유희 문장을 만드는 요령은 역시 조금 **재미있게 만드는 것**이다. 기억에서 중요한 것은 '즐거움'이라는 것을 잊지 말자.

오감 활용 기억법

아버지가 기억법에 관해서 조언을 해준 적은 거의 없지만 딱 한 번 **"목소리랑 손도 쓰는 편이 좋단다."**라고 했다.

흔히들 말하는 바와 같이 공부할 때 인간이 지닌 오감, '시각, 청각, 촉각, 후각, 미각'을 최대한 활용하면 뇌가 자극을 더 많이 받아서 기억에 잘 남는다.

대학 수험 및 자격시험 공부를 할 때 후각과 미각을 쓰는 건 어렵지만 시각(읽는다)에 덧붙여 청각과 촉각을 적극적으로 활용하는 것은 간단하게 할 수 있다. **음독이 기억에 유효하다**는 것은 누구나 경험한 적이 있을 것이다. 묵독하면 뇌로 들어오는 자극 정보가 눈을 통해서만 들어오지만, 음독하면 눈 이외에도 성대와 입과 혀를 사용해 자기 목소리를 자기 귀로 듣기 때문에 몇 배나 자극을 많이 받게 된다.

단, 이해하면 알 수 있는 것(스토리 기억법을 활용할 수 있는 것)**과 연상을 이용할 수 있는 것**(덩굴식 기억법을 활용할 수 있는 것)**은 음독을 권장하지 않는다.** 왜냐하면 음독은 느리기 때문이다. 눈으로 쫓을 뿐이라면 프라이밍 기억도 있고 속독도 가능하지만, 음독은 한 글자 한 글자를 정성스럽게 읽어야 해서 시간이 몇 배나 걸린다. 또, 음독은 자유로운 사고를 방해하기도 해서 꼭 필요할 때만 하는 것이 좋다.

또 **촉각 활용이라는 측면에서 '쓰기'는 대단히 중요하다.** 쓰기는 음독과는 달리 어떠한 경우에든 적극적으로 활용하는 것이 좋다. 쓰기에는 기억법 범주를 넘어서는 효과가 있으므로 다른 페이지에서 상세하게 이야기하겠다.

암기는 다소 기발한 방법으로 하는 편이 좋다는 주장이 있다. 그 편이 몸의 여러 기관이 자극을 받아서 기억에 잘 남는다고 한다. 그러고 보면 내 고등학교 친구 중에 재미난 아이가 있었는데 그는 복근과 팔굽혀펴기를 하며 암기 과목을 공부했다. 당시에는 웃었지만 지금 생각해보면 그런 방식으로 시각 이외의 감각을 적극적으로 자극했던 것임으로 실제로 효과도 있었을 것이다(단, 체력이 받쳐줬을 때의 이야기이다). 덧붙여 그는 훌륭한 의사가 됐다.

무의식적 기억의 유지

이런 말을 하면 좀 그렇기는 한데, 기억의 기본은 역시 반복이다. '스토리 기억법'으로 유사한 '에피소드 기억'을 만드는 것도, '덩굴식 기억법'으로 연상을 이용하는 것도 반복하는 고생을 대폭으로 줄여주지만 학습에는 반복이 반드시 필요하다.

단, **똑같이 반복하더라도 타이밍이 적당하지 않으면 애써 공부를 해도 효과를 보지 못할 수 있으므로 주의해야 한다.** 도쿄대학 대학원 약학계 연구과 교수로 신경과학과 약리학을 전공하는 이케가야 유지선생님에 따르면 설령 기억이 나지 않더라도 무의식중에 기억이 '유지'된다고 한다.

어느 잡지에 이런 실험 결과가 소개된 적이 있다. 복수의 피험자에게 아무런 의미도 없는 단어 10개를 외우도록 했다. 4시간 후에 테스트한 결과 피험자가 기억한 평균 단어 개수는 5개였다. 하지만 전부 잊어버린 후에 똑같은 단어 10개를 재차 암기하도록 했더니 이번에는 4시간 후에 평균 7개를 기억했다고 한다.

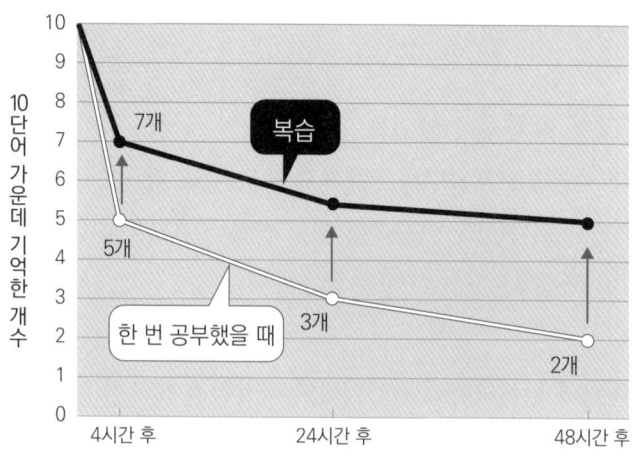

[출처: 「프레지던트 패밀리」 2014년 4월호]

위의 그래프는 실험 결과를 정리한 것이다. 24시간 후 및 48시간 후에도 한 번 더 공부했을 때 좋은 성적을 거두었음을 보여준다. 이상의 결과를 통해 무의식중에 '유지'된 기억이 암기를 돕는다는 것을 알 수 있다. 이는 내가 수험생 시절에 실감했던 경험과도 일치하는 대단히 흥미로운 결과이다.

고등학생 때 나는 영어 숙어를 외우기 위해서 참고서 한 권을 봤었다. 처음에는 '하루에 30개'로 목표를 잡고 그대로 실천했는데, 어느 날 문득 혹시나 해서 일주일 전에 봤던 단어를 다시 살펴봤더니 완벽하게 기억이 하나도 나질 않았다. 큰일 났다. '설마 지금까지 내가 한 고생이 다 헛고생?'이란 생각이 들었지만, 나는 어릴 때부터 다소(혹은 전면적으로) 낙천적인 성격이었다. '할 수 없지 뭐. 일단 끝까지 하고 다시 복습하자'라고 마음을 고쳐먹고 일단 마지막까지 외웠다. 한 달가량이 걸렸을까. 그 후에 한 번 더 처음부터 공부한다는 생각으로 두 번째 공부에 돌입했다. 그랬더니 처음에 공부했을 때보다 30개를 훨씬 빨리 외울 수 있었다. 게다가 일주일 전에 외웠던 단어를 다시 살펴봤을 때 기억하고 있는 개수도 전보다 늘어있었다. 역시 처음 공부했을 때의 고생은 헛고생이 아니었다.

이케가야선생님에 따르면 **무의식 기억이 '유지'되는 기간은 1개월이 한도**라고 한다. 지금 생각해보면 (우연히도) 1개월 안에 다시 두 번째 공부에 돌입했던 것이 다행이었다. 그렇지 않았다면 더욱 절망했을 것이다.

나가노식 반복법

앞서 '미래의 나를 가르칠 생각으로 "오늘 학습한 것 노트"를 작성하면 최고의 복습이 된다.'라고 말했다. '오늘 학습한 것 노트'를 작성하는 타이밍은 하루를 끝마칠 때가 좋다고 했는데, 이것까지 포함했을 때 내가 생각하는 이상적인 복습 타이밍은 다음과 같다. 큰 목표와 작은 목표를 정할 때도 이 복습 타이밍을 고려한다면 훨씬 효과가 좋을 것이다.

[나가노식 반복법]
1회째: 처음으로 해당 정보를 접하고 10분 후
2회째: 그날 하루를 마칠 때('오늘 학습한 것 노트')
3회째: 다음 날 아침
4회째: 일주일 후
5회째: 한 달 후

1회째인 '10분 후'는 학생이라면 학교나 학원의 수업 직후의 쉬는 시간에 해당한다. '조금 전에 뭘 배웠지?' 하고 **머릿속으로 반추하는 것**만으로도 충분하다.

직장인이라면 지하철에서 읽은 책의 내용을 개찰구를 빠져나가며 떠올리거나, 세미나에서 얻은 정보를 귀가하는 지하철 안에서 떠올려

보길 바란다. 이것만으로도 안 할 때보다 정착률이 훨씬 높아진다.

2회째인 '오늘 학습한 것 노트'에 대해서는 전술한 바와 같다.

3회째인 '다음 날 아침'에도 1회째와 마찬가지로 **머릿속으로 반추해보는 것만으로 충분하다.** 최근 연구로 **수면이 기억 정착을 돕는 것으로 밝혀졌다.** 수면 중에 장기 기억할 것과 그렇지 않을 것을 '정리'한다는 것이다. 아침에 눈을 떴을 때 전날 학습했던 것을 한 번 더 떠올리면 정리된 '장기 기억'을 확인할 수 있어서 산뜻한 기분으로 다음 학습으로 넘어갈 수 있을 것이다.

4회째인 '일주일 후' 복습을 할 때는 **문제 풀이를 중점**으로 한다. '덩굴식 기억법'에서 설명한 바와 같이 기억은 상기(아웃풋) 가능한 상태로 존재해야 한다. 또, 뇌는 인풋보다도 아웃풋을 중시하는 경향이 있다. **반복해서 머릿속으로 정보를 인출하면 뇌는 '이렇게 반복적으로 사용되는 걸 보면 중요한 정보임에 틀림이 없어'라고 판단한다.** 당연히 장기 기억에 될 가능성도 커진다.

문제를 푼다는 것은 바로 '상기'를 한다는 것이다. 단, 주의해야 할 점은 문제를 푸는 것에 그쳐서는 안 된다는 점이다. '줄거리 공부법'에서 설명한 바와 같이 특히 틀렸을 때는 잊지 않고 '왜 틀렸지?' 하고 생각해야 한다.

5회째인 '한 달 후'에는 **처음 공부하는 마음가짐으로 임한다.** 가령 한 달 후에 거의 다 잊었더라도 '기억이 하나도 안 나'라며 실망할 필요는 없다. 4회의 반복으로 확실하게 '기억'은 저장됐다. 그리고 반드시 처음보다 깊고 강렬하게 머리에 들어간다.

이렇게 복습은 총 5회를 한다. 그렇다고 '말도 안 돼. 5번이나 복습을 하라고?'라며 탄식하지 않길 바란다. 5회라고는 해도 1회째와 3회째는 머릿속으로 반추하는 것에 불과하다.

무엇보다 5회의 복습을 통해서 처음에는 하나의 지식에 불과하던 것들이 머릿속에서 여러 가지 이해와 결합을 거쳐서 지혜로 승화되는 것을 느낄 수 있으리라. 이를 인생의 기쁨 그 자체라고 한다면 지나친 표현이 될까?

제 **5** 장

영어와 수학을
잘하려면

손으로 쓰자

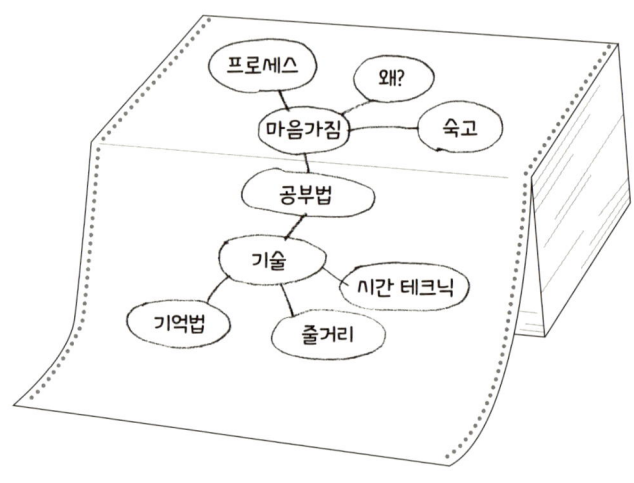

쓴다는 것은 생각한다는 것.

'**연속 용지**'가 무엇인지 아는가? 여러 장의 페이지 상하가 점선으로 연결되어 있으며 용지공급을 위해서 페이지 양쪽에 동그란 작은 구멍이 나란하게 뚫려있는 프린터 용지를 말한다(앞 페이지의 그림 참조). 요즘은 보기 힘들지만 얼마(아니 상당히 오래?) 전까지도 컴퓨터로 계산 결과 등을 출력하는데 일반적으로 흔히 사용했다.

정보처리를 전문으로 했던 아버지네 대학 연구실에는 다 쓴 '연속 용지'가 대량으로 쌓여있었다. 다 쓴 용지라고 해도 인쇄가 된 건 앞면뿐으로 뒷면은 깨끗했다. 어느 날, 아버지가 "어차피 버리는 거니까 괜찮으면 써볼래?"라며 '연속 용지'를 집에 가져왔다.

그 후로 내 책상 한가운데에는 항상 '연속 용지' 다발이 턱 하니 놓여있었다. 크기는 A3보다 조금 더 컸을까. 적어도 수험이 끝날 때까지는 '연속 용지'가 그 자리를 떠나는 일이 없었다(없어지면 아버지에게 추가분을 요청했다). 그 정도로 나는 '연속 용지' 뒷면의 광대한 여백에 온갖 것을 끊임없이 썼다. 당시에 내가 거기에 썼던 것을 생각나는 대로 열거해보자면,

· 계산
· 연습 문제의 답안
· 덩굴식 기억법으로 사용할 메모리트리
· 쓰면서 고유명사 암기하기

· 개인 수업용 초고

· 영어 구문 분해

· 화학 구조식

· 물리도

등등……. 너무 많아서 다 열거할 수가 없다. 전술한 바와 같이 쓰면서 공부하면 읽기만 하면서 공부할 때보다 훨씬 효과가 좋은데, 이는 **쓰기에 단순히 기억을 도와주는 것 이상의 커다란 학습 효과가 있기 때문이다.**

'쓰기'의 학습 효과를 보여주는 연구

2011년에 'science'지에 무척이나 흥미로운 연구 결과가 게재됐다. 연구 개요는 이랬다. 먼저 200명의 대학생에게 과학에 관한 짧은 문장을 5분간 읽도록 했다. 그리고 200명을 A~C의 3개 그룹으로 나누고 각각의 그룹에게 다음과 같이 지시했다.

A그룹 : 시험을 대비해 주입식 공부를 하듯이 반복해서 읽으시오.
B그룹 : 개념도(개념 등의 상관관계를 나타낸 그림)을 작성하시오.
C그룹 : 읽은 문장에 관한 짧은 에세이를 쓰시오.

일주일 후에 200명의 학생은 간단한 테스트를 받았다. 설문은 일주일 전에 읽었던 문장 내용의 암기 여부를 시험하는 것과 이에 근거해 논리적인 결론을 도출하는 것이었다. 결과는,

1위 : C그룹(에세이)
2위 : A그룹(주입식)
3위 : B그룹(개념도)

이었다. 에세이를 쓴 그룹이 1위를 차지했고 2위는 주입식 학습이었다. 다음으로는 학생들에게 기억에 의존해서 개념도를 그리라고 했다. 이 테스트의 성적도 앞선 테스트와 같은 순서로 성적이 나왔다(단, 2위와 3위의 차이가 근소했다). 흥미로운 것은 처음에 개념도 그렸던 B그룹보다도 에세이를 썼던 C그룹이 더 좋은 성적을 거두었다는 점이었다.

이 결과는 '오늘 학습한 것 노트'를 소개하면서 설명했던 바와 같이, **학습한 내용을 자신의 언어로 쓰는 행위가 얼마나 학습 효과가 높은지를 증명하는 것이다.**

'오늘 학습한 것 노트'를 쓸 동기부여가 도저히 오래 지속되지 않는 사람은 학습한 내용을 블로그에 정리해보는 건 어떨까. 포스팅을 읽어줄 사람을 의식하며 (가르친다는 생각으로) 자신의 언어로 작성한다면 읽기만 하거나 듣기만 할 때보다 훨씬 기억에 오래 남을 것이다.

자신의 손으로 쓴다.

블로그에 정리해도 일정한 효과는 있겠지만 그래도 나는 역시 **손으로 쓰는 것이 가장 좋다**고 생각한다. 이전에 'Wall Street Journal'지에 게재된 기사(How Handwriting Trains the Brain~Forming Letters Is Key to Learning, Memory, Ideas)에도 **'손으로 쓰는 것'이 학습을 위해서, 기억을 위해서, 또 풍부한 발상을 위해서 대단히 중요하다**고 쓰여 있었다.

당신은 최근에 펜을 잡고 종이에 글자를 쓴 적이 있는가? 많은 현대인에게 문장을 쓴다는 것은 PC를 보면서 키보드를 두드리거나 엄지손가락으로 핸드폰 및 스마트폰을 터치하는 것을 의미할 것이리라. 이런 글을 쓰고 있는 나 역시도 지금 이 원고를 키보드로 쓰고 있다. 하지만 동시에 나는 매일 개별지도 중에 학생에게 설명하기 위해서 끊임없이 노트에 문자를 적고 있다. 그 양은 대개 3개월에 60페이지짜리 B5 노트 100권 분량에 달한다(설명을 위해서 상당히 글씨를 큼직하게 쓴다).

최근에는 ICT 활용 교육의 중요성이 강조되면서 전교 학생에게 태블릿PC를 배부하는 학교도 적지 않아졌다. 이러한 흐름은 전 세계적인 것으로 일본은 오히려 뒤진 편이다. ICT를 도입하면 학습활동의 복습 및 수업 이해도의 파악, 혹은 교재 배포 등의 면에서 과거

보다 훨씬 편의성이 높아질 것이다. 장래에는 기대 이상의 성과도 틀림없이 나올 것이다.

하지만 한편, ICT 활용 교육을 재빠르게 도입한 옆 나라 한국에서는 "학생은 수업이 즐거웠다고 말할지 모르겠지만 내용은 제대로 학습하지 못하고 있어요."라며 효과를 의문시하는 교사의 목소리도 나오고 있다. 즐거움에도 불구하고 학습 내용이 정착되지 않는 것은 태블릿PC 도입이 아이들에게서 쓸 기회를 박탈하기 때문이 아닐까. 오해가 없도록 말해두겠는데 나는 ICT를 교육에 활동하는 것을 부정적으로 보지는 않는다. 단지 학생에게 더 좋은 학습 환경을 제공하기 위해서 ICT를 도입하는 것이라면 손으로 써볼 환경을 빼앗는 결과를 만들지는 않기를 절실하게 바란다.

아버지가 내게 가져다줬던 이면지 '연속 용지' 그것은 내게 **'일단 네 손으로 직접 쓰고, 쓰고, 또 써보아라.'**라는 메시지였다. **새하얀 공간에 자신의 머리로 생각한 것을 자신의 손으로 직접 보는 것, 이것이 얼마나 학습 효과가 높은지를 결코 과소평가해서는 안 된다.**

만일 최근에 종이에 글자를 써본 적이 없다면 꼭 쓰기 편한 펜과 커다란 노트나 리포트 용지를 마련하길 바란다. 그리고 '직접 손으로 쓰는' 것이 일상이 되도록 환경을 조성하라. 이것만으로도 당신의 뇌는 손으로 무언가를 쓰지 않던 때보다 몇 배나 자극을 받게 될 것이다.

쓰기 스킬≒학력

2013년에 문방구 브랜드인 고쿠요가 전국 중고등학교 교사를 대상으로 앙케트 조사를 시행했는데 '**학생의 필기 방식과 학력은 관련성이 있는가?**'란 설문에 실로 99%의 교사가 '**있다**'고 대답했다. 또, 학력이 높은 학생은 '**판서 이외의 사항도 필기 한다**', '**자기 나름대로 생각해서 정리 한다**', '**빠르고 깨끗하게 쓴다.**' 등의 경향이 있다고 지적했다. 내가 평소에 학생을 지도하면서 느끼는 것과 같다.

학력이 낮은 학생은 시종일관 내가 수업 노트에 쓴 것을 그대로 옮겨 적기만 하는데 그것도 무척이나 느리다. 또 느린 것치고는 필기 상태도 조잡한 경우가 많다. 나중에 다시 봐야 한다는 생각이 염두에 없는 것처럼 보인다(물론 이런 학생에게는 노트 필기법부터 지도한다).

최근에 고등학교 시절의 은사님을 20년 만에 만났는데, 그때도 학생들의 노트 필기법이 바뀌었다는 이야기가 나왔었다. "자네들이 학교를 다녔을 때는 생각지도 못했는데 요즘 학생들은 정말로 필기가 서툴러. 게다가 느려서 판서했다가는 수업이 되질 않아. 그래서 할 수 없이 최근에는 프린트 수업으로 바꿨다네."라며 안타깝게 말씀하셨던 것이 기억에 남는다. 이것도 어려서부터 디지털 기기에 둘러싸여서 유소년~청소년기에 손으로 써볼 기회가 적어진 탓이 아닐까.

물론 그렇다고 요즘 학생은 학력이 낮다고 결론지을 수는 없다. 하지만 '노트 필기를 하는 스킬'과 '학력' 사이에 상관이 있다는 것이 교사 다수의 일관된 의견이다. 교사 경력 30년의 베테랑 교사의 노트 필기를 하는 기술, 즉 손으로 쓰는 스킬이 저하됐다는 말에서 간과할 수 없는 무게감을 느껴진다.

손은 제2의 뇌

'**손은 밖에 있는 뇌**'라거나 '**손은 제2의 뇌**'란 말을 들어본 사람은 많을 것이다(전자는 독일의 철학자 임마누엘 칸트의 말). 다음 페이지의 그림은 캐나다의 뇌신경외과의사인 와일드 그레이브스 펜필드(Wilder Graves Penfield)가 그린 것으로 '대뇌피질의 각 부위'와 '인체 각 부위의 피부감각 및 심부감각'과의 관계를 나타낸 것이다.

얼굴 및 혀와 함께 손목부터 손끝까지가 대단히 많은 부위를 차지하고 있는 것을 알 수 있다. 이에 반해 어깨와 등이 차지하는 비율은 낮은 것이 특징적이다. 이 비율의 대소가 각 부위 감각의 예민함과 섬세함을 나타낸다.

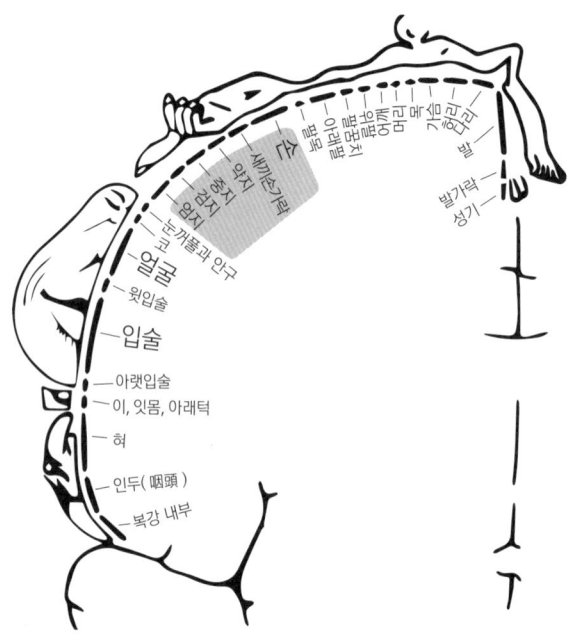

[출처: Wikipedia http://ja.wikipedia.org/wiki]

　실제로 손목부터 손끝에는 대단히 많은 신경세포가 모여 있고 각각이 뇌에 신호를 보내기 때문에 **손을 움직이는 것이 뇌에 많은 자극이 된다**는 것은 쉽게 짐작할 수 있다. 작가 아사다 지로씨와 하야시 노조무(林望)씨가 수행을 쌓았던 시절에는 문장 실력을 향상시키기 위해서 좋아하는 작가의 소설을 그대로 원고용지에 옮겨 적었다고 한다(이것을 임모라고 부른다). 두 작가뿐만 아니라 '임모'는 작가 지망생에게 비교적 일반적인 문장향상법이었다.
　'옮겨 적는 것만으로 문장 실력이 좋아질까?' 하며 의문스럽게 생각할 수 있는데, 명문장을 쓴 작가가 일찍이 그 작품을 창작했을 때와 같이 손을 움직이면 뇌도 당시 작가와 같은 자극을 받을 것이다. 이것을 계속하면 문장을 창작했을 때의 발상과 리듬감과 같은 것도 그 작가에게 근접할 수 있을지도 모른다. 적어도 그 소설에서 사용된 어휘는 머리에 정착될 것이다.

'임모'를 통해 문장이 향상된다는 것은 손으로 쓰는 것이 머리로 생각한 것을 그저 아웃풋 할 뿐인 작업이 아니라는 것을 시사한다. **손으로 씀으로써 머리에 인풋 되는 것이 있다는 증거이다.**

머리에 떠오른 발상과 아이디어를 눈에 보이는 형태로 작성함으로써 머릿속을 정리하는 도구인 '마인드맵'이란 것이 있다. 마인드맵은 수많은 작성용 PC 소프트 및 Web 서비스도 존재하기 때문에 이용하고 있는 사람도 많을 것이다.

확실하게 유효하기 때문에 나도 책을 쓰기 전에는 곧잘 마인드맵을 만든다. 다만, 나는 PC 소프트 및 Web 서비스를 사용하지는 않는다. 항상 노트와 화이트보드에 직접 손으로 쓴다. 소프트 및 Web 서비스를 능숙하게 잘 사용하지 못하는 탓도 있지만, 아무래도 손으로 직접 쓰는 편이 발상이 풍부하게 떠오른다.

마인드맵이란 문장 전체를 스케치하는 것인데 나는 이를 '정서'를 위한 밑 작업을 위해서 하지 않는다. 스케치를 손으로 직접 하는 것 자체가 생각하는 것으로 직결된다. **손으로 쓰는 행위를 통해 비로소 제대로 생각하고 있다는 실감까지도 한다.**

물론 키보드 및 터치스크린도 손을 사용함으로 가만히 있는 때보다는 머리가 자극을 받는다. 하지만 PC 소프트 및 Web 서비스로 작성한 깔끔한 마인드맵으로는 좋은 발상이 떠오르지 않는다는 사람은 속는 셈 치고 커다란 하얀 종이 한가운데에 손으로 직접 원을 하나 그려보라.

그러면 틀림없이 **무언가가 단어가 하나는 떠오를 것이다.** 일단 중앙에 그린 원안에 단어를 써넣자. 그러면 손이 움직이는 사이에 차례로 다른 단어들이 떠오를 것이다. 그렇다. '제2의 뇌'인 손이 생각해줄 것이다.

과목별 공부법
(영어/수학)

《영어》
- 장문은 독해를 중심으로!
- 단어는 장문 안에서 외운다.
- 영어에 푹 빠져서 '영어 두뇌'를 획득한다.

《수학》
- 암기하지 않는다!
- '수학 복습 참고표'를 활용한다.
- '계산 실수를 하는 네 가지 원인'에 주의한다!

지름길은 없다.
왕도야말로 가장 빠른 길이다.

영어와 수학을 열심히 하는 사람은 특히 많을 텐데 지면상의 이유로 다소 간단하겠지만 각 과목을 공부하는 요령을 정리해보겠다. 먼저 영어부터 살펴보자.

영어 편

고등학교 때 친구를 오랜만에 만나서 지금 수학 학원을 운영한다고 말하면 대개 "뭐? 영어 학원이 아니고?"라고 한다. 그도 그럴 것이 나는 중고등학교 시절 6년 내내 수학보다 영어 성적이 더 좋았다.

야구에 푹 빠졌을 때도, 음악에 미쳤을 때도 아버지의 영향으로 영어 공부만큼은 소홀히 하지 않았다. 아버지는 다른 과목은 나중에라도 어떻게든 할 수 있지만 영어만큼은 만회하는 데 시간이 걸린다고 생각했다.

"영어만큼은 확실하게 해두는 것이 좋아"라고 중학교에 입학했을 때 말씀하셨던 것을 똑똑히 기억한다.

그렇게 말씀하셨던 아버지는 영어를 잘하셨다. 국제학회에서 의장을 맡고 계셨고, 집에 외국인 손님이 올 때면 일본어로 말씀하실 때보다도 말씀을 많이 하시는 것 같다는 인상을 받았다. 아버지는 영국 케임브리지에서 유학을 하신 적이 있었다. 유학 기간은 1년 정도였으니까 유학만으로 영어 실력이 향상됐다고는 생각하기 어렵다. 본인도 "유학 가기 전부터 영어는 웬만큼 잘 했어"라고 했다. 항상 겸손한 아버지로서는 드문 발언이었다.

"그럼 어떻게 공부하셨어요?" 하고 내가 물으니 "친구랑 계속 영어로 말을 했지"라고 했다. 대학에 입학한 뒤로 아버지는 하숙집 친구랑 일주일 중에 며칠씩 "오늘은 일본어 금지!"로 정하고 계속 영어로 말했다고 한다. 그게 정말로 공부가 많이 돼서 어느 사이엔가 입이 터졌다고 했다.

단어 암기법

대략적인 문법사항을 다 배운 고등학교 2학년 무렵에 되면 우리의 영어 공부법은 지극히 단순해진다. 오로지 **장문만을 읽는다.**

많은 분이 놀라는데 나는 '시험에 나오는 영단어'와 같은 부류의 책을 한 번도 본 적이 없다(숙어는 봤다). **단어는 장문 속에서 만난 모르는 것을 사전으로 찾아보고 작은 '단어장'에 메모했다가 그걸 외웠다.** 이렇게 만든 '단어장'이 몇 십 권에 달한다. 다만, 내가 어려워했던 단어는 가장 최근에 만든 몇 권에 집약되어 있었기 때문에 수험 직전에 복습했던 건 마지막 3권뿐이었다.

내가 단어를 이렇게 공부했던 데는 두 가지 이유가 있다.

하나는 **장문의 정확한 의미를 파악하기 위해서였다.** '시험에 나오는 영단어'와 같은 책에 실린 단어의 의미는 다양한 장면에서 통하는 최대공약수와 같은 것이 많다. '딱 들어맞지도 않지만 틀리지도 않는' 다소 추상적인 의미인 경향이 있다. 장문에 '시험에 나오는 영단어'로 암기한 단어가 잔뜩 나온다면 그만큼 추상적인 의미를 지닌 단어가 중첩되는 결과가 된다. 그러면 전체가 어렴풋하고 애매하게 느껴져서 '결국 무슨 말인지 모르겠어!'라는 상황에 이르게 된다.

하지만 직접 **사전으로 철저하게 알아보면 해당 장문의 내용에 딱 맞는 의미를 찾을 수가 있다.**

'의문이 든다.→직접 찾아본다.'의 전형적인 주체적인 학습 결과로 얻은 지식이기 때문에 당연히 기억에 잘 남게 된다. 그뿐만이 아니다. 어떤 단어는 특정 화제 상황에서 특수한 의미를 지닌다. 처음 보는 문장에서 그런 단어를 발견하면 구체적인 의미를 알 수 있을 뿐만 아니라 내용도 예상할 수가 있다.

내가 문장 속에서 단어를 외우는 또 하나의 이유는 말 그대로 **단어에 '스토리'를 덧붙이기** 위해서이다.

'시험에 나오는 영단어'에 나오는 추상적인 의미를 외우는 것은 전형적인 '의미 기억'에 해당하기 때문에 암기하기 위해서 몇 번이나 반복해야 하지만, 장문 속에서 만난 단어에는 전후의 내용(스토리)이 있다.

전술한 바와 같이, **스토리가 있으면 유사적인 '에피소드 기억'으로 '장기 기억'이 될 가능성이 높다.**

해석도 구문도 가르치지 않는 전설의 수업

앞서 순다이입시학원에는 사카마 선생님이라는 훌륭한 물리선생님의 이야기를 했는데, 순다이입시학원에는 내게 충격을 준 선생님이 한 명 더 있었다. 바로 오쿠이 기요시 영어선생님이다.

오쿠이선생님은 우리가 '입시학원 선생님'이란 말을 듣고 상상하는 선생님과는 정반대인 사람이다. 당시에도 이미 연배가 상당히 있어서 교실에 들어오자마자 바로 교탁 의자에 앉았었다. 목소리도 작아서 마이크가 없으면 바로 앞에 앉은 학생도 선생님의 목소리를 못 들었을 정도였다. 하지만 그런 오쿠이선생님의 수업은 사카마선생님에게 지지 않을 정도로 인기가 많아서 역시나 강습 예약을 하는 것이 보통 어렵지 않았다. 물론 인기가 있는 데는 이유가 있었다.

오쿠이선생님은 대개 '영어 장문' 수업을 담당했는데, 선생님은 영어를 해석하는 방법에 대해서는 조금도 언급하지 않았다. 구문을 설명하신 기억도 거의 없다. 오쿠이 선생님이 수업 시간에 계속 설명하는 것은 영문을 쓴 사람의 사상과 미국학이었다. 우리는 오쿠이 선생님의 수업을 통해 **영어를 모국어로 하는 사람이 어떤 사고방식을 하고 어떤 인생관을 가졌는지를 알 수 있었다.** 그리고 그것이 일본인과는 얼마나 다른지도 배웠다.

'영어 두뇌'를 획득하다.

외국인인 우리는 영어를 공부할 때 무엇을 이상으로 삼아야 할까? 그것은 **'영어를 영어 그대로 이해하는 것'**이다. 가령 다음과 같은 영문이 있다고 하자.

'From small beginnings come great things.'

일본인 필터를 통해 영어를 이해하는 사람은 먼저 앞의 영문을 '에서·작은·시작·온다·위대한·것'하고 단어 레벨로 각각 '해석'할 것이다. 그리고 작문 게임을 하듯이 각각의 순서를 바꿔서 의미가 통하는 문장으로 완성해내려고 한다. 하지만 이 방법으로 장문을 읽으려면 상당한 시간이 소요된다. 게다가 내용이 추상적이면 추상적일수록 오역할 확률도 높아진다.

한편, 영어를 영어 그대로 이해하는 사람은 'From small beginnings'란 '전치사+명사' 뒤에 동사 'come'이 갑자기 온 것에 조금 놀랄 것이다. 그리고 보통이라면 'Great things come from small beginnings.'라고 쓸 문장을 일부러 **도치문으로 만들어서** 'From small beginnings'를 강조하려고 했던 필자의 심정까지도 **이해할 것이다.**

영어를 영어 그대로 이해한다는 것은 영어를 모국어로 하는 사람과 같은 사고방식과 감성을 갖는다는 것이다. 이는 하루아침에 이루어지는 것은 아니다. 그렇기 때문에 아버지는 '영어는 쉽게 만회할 수 없다'고 생각하셨던 것이리라.

아버지가 일본에서 영어에 푹 잠기는 시간을 가졌던 건 '영어를 영어 그대로 이해하기' 위해서, 이른바 **영어 두뇌**를 획득하고 위해서였을 것이다. 내가 영어 장문을 닥치는 대로 읽었던 것도, 그리고 오쿠이선생님이 수험용 영문해석의 영역을 크게 벗어나서 구미 사람들의 생활론, 도덕론 등을 이야기했던 것도 모두 다름 아닌 '영어 두뇌'를 갖기 위해서이다. 영어를 잘하기 위해서는 영어에 푹 젖어서 영어 두뇌를 획득하는 것이 최고이다.

수학 편

직업 성격상,
"어떻게 하면 수학을 잘할 수 있나요?"라는 질문을 자주 받는다. 그럴 때 나는 항상 한 마디로 이렇게 대답한다.
"암기하지 않을 것!"

수학을 못 하면 못 할수록 내게서 이 말을 들은 학생과 학부모는 총 맞은 비둘기 같은 표정을 짓는다. 하지만 본서를 여기까지 읽은 독자라면 내 본심을 헤아릴 것이다.

이미 눈치 챘겠지만 나는 이 책을 주로 **수학과 같은 '사고형 과목'의 학습을 염두에 두고 썼다**. 기억술에 관한 몇몇 내용을 제외하면 모두 수학 공부 방법이라고 해도 과언이 아니다. **수학이 '미래의 문제를 해결하기 위한 학문'**이라는 것을 잊지 말고 부디 본질적인 공부를 하길 바란다.

'수학 복습 참고표'를 활용한다.

학생 시절을 떠올려보자. 시험 결과가 좋지 않으면 누구나 '다음에는 꼭 잘 봐야지!' 하며 새로운 결의를 불태우지 않는가? 하지만 안타깝게도 제아무리 굳은 결심을 해도 수학이란 과목만큼은 성적이 급격하게 오르지 않는다. 그건 수학이 축적의 학문이기 때문이다. 새로운 단원도 과거에 배웠던 것을 토대로 한다. 모처럼 기합을 넣고 수업에 임했는데 새로운 단원의 초반부터 종잡을 수가 없어서 순식간에 의욕을 잃은 경험이 있는 사람은 적지 않을 것이다.

그러면 좌우간 복습을 하면 되는가 하면 그렇지도 않기 때문에 또 골치가 아픈 것이다. 수학 교과서와 참고서에서는 한 단원과 그 직전 단원의 내용이 아무런 관련성이 없는 경우가 많다. 상황이 이렇다 보니 '대체 뭘 복습해야 하지?' 하는 생각에 망연자실할 수밖에 없다.

그럴 때 활용하면 좋은 것이 225페이지의 **'수학 복습 참고표'**이다. '수학 복습 참고표'는 내가 NHK(교육 방송)의 **'시험의 꽃길'**에 출연해서 소개했던 **수학을 복습할 때 도움이 되는 참고표**이다. 이걸 보면 **자신이 어디에서 헤매고 있는지를 알 수 있다.** 많은 사람이 잘 모르는데 중학교 수학의 각 단원은 크게 나눠서 다음의 4가지로 분류된다.

- **수와 식**
- **함수**
- **도형**
- **자료 활용**

이는 지도 요령에도 명기된 분류이다.

고등학교 수학이 되면 이처럼 명확하게 분류되지 않는다. 예를 들어 '벡터'처럼 여러 분야의 내용이 횡단적으로 포함된 단원도 있는데, 축적의 학습인 수학에서는 지금 학습하는 단원이 어느 분야에 해당하는가를 아는 것이 대단히 중요하다.

예를 들어 고등학교 1학년 때 배우는 '이차함수'가 어렵다고 해보자. 이 경우에는 같은 '함수'로 분류된 단원을
'$y=\alpha x^2$(중3)' → '일차함수(중2)' → '비례·반비례(중1)'
의 순서로 하나씩 거슬러 올라가야 한다. 그러면 틀림없이 '이건 알겠다!'하는 내용을 발견하게 될 것이다. 그것부터 꼼꼼하게 복습하자. 전보다 훨씬 이해가 잘 될 것이다.

계산 실수를 피하는 네 가지 방법

사회인이 되면 손으로 계산할 일이 절대로 많지 않다. 스마트폰과 PC에는 계산기 프로그램이 반드시 들어있고 계산기는 100엔 숍에서도 살 수 있다. 하지만 재수하는 사람이나 특정 자격시험을 대비하는 사람은 여전히 계산해야 한다. 게다가 합격점에 가까우면 가까울수록 계산 실수로 점수를 까먹지 않는 것이 대단히 중요하다.

나는 20년 동안 교사로 근무하며 학생들이 어째서 계산 실수를 하는지에 대해서 계속 생각했다. 다음 페이지의 '계산 실수를 하는 4가지 원인'이 그 결론이다. 계산 실수로 고민하는 사람은 아무쪼록 다음 페이지에서 소개하는 대처법을 함께 참고하길 바란다.

[계산 실수를 하는 네 가지 원인]
(1) 지나치게 빨리 푼다.
(2) 긴장에 익숙하지 않다.
(3) 단원에 대한 이해가 부족하다.
(4) 글씨가 깨끗하지 않다.

[대처법]
(1) 지나치게 빨리 푼다.
시험을 볼 때면 무의식중에 평소와 다른 빠른 속도로 마구잡이로 계산해버리는 심정을 충분히 이해한다. 하지만 이것이 계산 실수의 근원이다. 자동차나 자전거를 탈 때를 생각해보자. 최고 속도로 운전하면 '무섭다'고 느낄 것이다. 마찬가지로 계산도 최고 속도로 하면 '무섭다'고 생각하는 감각을 길러야 한다.
'아아, 이렇게 서둘러서 풀다가는 틀릴 수도 있어!'
하고 생각하면 마음을 다잡을 수 있다. **한 줄 한 줄을 확인하며 앞으로 나아가는 습관**을 들이면 실수가 크게 줄일 수 있다. 결과적으로 끝까지 다 풀지 못하더라도 계산 실수의 리스크를 감수하며 최고

속도로 풀 때보다 확실하게 높은 점수를 받을 것이다.

(2) 긴장감에 익숙하지 않다

심리학 법칙 중에 '**요크스-다드슨(Yerkes & Dodson)의 법칙**'이란 것이 있다. '사람은 익숙한 것을 할 때는 긴장감과 압박감이 있는 것이 좋고, 익숙하지 않은 것을 할 때는 그 반대이다.'라는 법칙이다.

확실히 베테랑 직원은 '계약을 따지 못하면 감봉하겠다.'는 압력을 받을 때 좋은 성과를 올릴 것이고, 반대로 신입사원은 '실패해도 괜찮으니까 마음껏 해봐'란 격려를 들을 때 능력을 발휘할 것이다.

이해가 가는 이야기이다. 테스트도 이와 마찬가지이다. 높은 긴장감 속에서 계산한 경험이 없는 사람은 시험이라는 커다란 압력을 받으면 실수를 많이 할 수밖에 없다. 그렇게 되지 않도록 **평소에 학습을 할 때 스스로 긴장감을 조성**하는 것이 좋다.

예를 들어 과거 기출 문제를 실제 시험 시간과 똑같은 시간 동안에 풀거나, 계산 실수를 하면 해당하는 단원의 문제를 처음부터 전부 풀기로 '벌칙'을 정하는 것이 효과적이다. 그러면 긴장감 속에서 계산하는 경험을 쌓여서 실제로 시험을 볼 때 실수를 줄일 수 있다.

(3) 단원에 대한 이해가 부족하다

수학 문제를 풀 때 특정 단원에서만 계산 실수를 많이 하지는 않는가?

인간은 심리적인 존재이다. 스포츠와 악기 연주에서 특히 현저하게 나타나는 데 정신 불안이 실수를 유발한다.

'아~ 벡터네. 이 단원은 자신이 없는데', '이 공식에 넣으면 되는 거였나?……'하고 불안하게 생각하면 평소보다 계산을 실수할 확률이 높아진다. 그럴 때는 문제를 풀던 손을 잠시 멈추고 **다시 한 번 교과서(참고서)로 돌아가도록 하자.** 그리고 필요한 정리와 공식을 증명할 수 있는지 확인한다.

해당 단원에 '좋았어. 이제 알겠다!'는 자신감이 생기면 계산 실수는 저절로 줄어들 것이다.

(4) 글씨가 깨끗하지 않다

나는 관혼상제에 참석해 접수처에서 이름을 써야 할 때 '오른손을 다쳐서요.……'라며 쓰기 싫어서 변명할 정도로 글씨를 못 쓰지만, 글자를 분명하고 큼직하게 쓰는 것만큼은 자신이 있다.

학생을 지도하다 보면 먼지로 착각할 정도로 작게 '-(마이너스)'라고 쓰거나, 판별 불가능할 정도로 한 줄에 억지로 분수를 써넣거나, 지우개로 깨끗하게 지우지 않아서 이전의 글씨가 남아 있는 상태에서 문제를 푸는 경우를 곧잘 본다. 당연히 그런 글씨는 본인도 분명하게 알아보기 어렵기 때문에 계산 실수로 이어진다. 또, 썼을 때 숫자와 혼동하기 쉬운 'z(2)'와 'q(9)'와 'b(6)'에도 주의해야 한다. 알파벳이라는 것을 확실하게 알 수 있도록 가로 선을 넣어서 필기체로 쓰는 등의 방법을 강구해야한다.

보기 좋게 글씨를 큼직하고 분명하게 쓰면 자연히 쓰는 데 시간이 걸린다. 이는 '(1)지나치게 빨리 푼다.'의 대책도 되고 또 초조한 마음을 진정시키는 효과도 있다. 지극히 단순한 이야기지만 **글자를 크고 분명하게 쓰자.** 그렇게 하는 것만으로도 계산 실수가 상당히 줄어든다.

이상으로 영어와 수학의 과목별 공부법을 살펴봤다. 양쪽 모두 쉽고 빠른 지름길도 아니고 특별한 기술도 아니다. 공부에서는 결국 왕도가 가장 빠른 길이다. 필자는 본서에 나오는 '공부법'을 길잡이로 삼아서 독자 여러분이 당당하게 왕도로 나아가길 진심으로 바란다.

수학 복습 참고표

	수와 식	함수	도표	자료 활용
중1	정수와 유리수 문자와 식 일차방정식	정비례 반비례	평면도형 입체도형	자료의 분포
중2	유리수 연립방정식	일차함수	삼각형 사각형의 성질 도형의 닮음	경우의 수와 확률
중3	제곱근 인수분해 이차방정식	이차함수	피타고라스 정리 원주각 삼각비	대푯값과 산포도
수 I	다항식 인수분해 이차방정식	이차함수	도형의 방정식 (직선·원)	
수 II	집합과 명제	합성함수 역함수 유리함수 무리함수	수열	지수·로그
미·적분	수열의 극한	미분계수 도함수	부정적분 정적분	
확률·통계	순열과 조합	확률	통계	

맺음말

'공부하기 싫다. 재미도 없고 힘들기만 하다'고 생각하는 사람은 많을 것이다. 이 책을 읽은 당신도 지금까지는 그랬을지도 모른다. 하지만 이 책을 다 읽은 지금은 어떤가?

공부란 본래 지적 호기심에 대한 자극과 세상의 진리와 만나는 감동을 반복하는 최고로 신나는 행위라는 생각에 동의하는가? 이 책을 끝까지 읽은 당신이 '그렇게 생각할 수도 있을 것 같아'라고 생각해준다면 내 바람은 이뤄진 것이나 다름이 없다.

아버지가 내게 가르쳐주신 공부법은 연구자이면서 교육자였던 아버지가 오랜 세월 동안 쌓은 경험과 신념의 결과물이다. 그만큼 설득력이 있으며 또한 실제로 효과를 봤던 것들뿐이다. 아버지가 돌아가신 지금 이 공부법들을 다음 세대에 전하는 것이 교육자의 한 사람인 내 책무라는 생각으로 본서를 집필했다.

'이렇게 열심히 공부했는데 왜 실력이 늘지를 않지?',

'라이벌에게 이기려면 어떻게 해야 할까?' 하고 고민하는 독자에게 본서가 내게 아버지 같은 존재가 되기를 바란다.

《문제 해결에 도움이 되는 수학》에 이어서 귀중한 기회를 준 PHP 에디터즈그룹의 다하타 히로부미씨에게 이 자리를 빌려서 깊이 감사드린다.

또, 본문에는 많이 등장하지 않았지만 내가 학생 시절에 자신감을 갖고 즐겁게 공부에 힘쓸 수 있었던 것은 어머니가 큰 사랑으로 지켜봐 준 덕분이다. 멋진 선생님과 만날 수 있었던 것도 어머니가 그런 환경을 만들어주었기 때문이다. 그런 어머니와 계속 내 목표로 존재해준 아버지 나가노 사부로에게 가슴 가득히 감사하는 마음으로 펜을 내려놓고자 한다. 또 다른 기회에 만나길 바라며.

나가노 히로유키

지혜로운 공부법

초 판 1쇄 2015년 8월 5일

지은이 나가노 히로유키   감 수 황선하
펴낸이 전호림   기획 · 제작 프리즘파트너스   펴낸곳 매경출판(주)
등 록 2003년 4월 24일(No. 2-3759)
주 소 우)100-728 서울시 중구 퇴계로 190(필동1가) 매경미디어센터 9층
전 화 02)2000-2647(내용 문의) 02)2000-2606(구입 문의)
팩 스 02)2000-2609   이메일 netpia88@naver.com
인쇄제본 (주)M-print 031)8071-0961

ISBN 979-11-5542-325-7(13510)
값 15,000 원